Mgr PERRAUD
ÉVÊQUE D'AUTUN, CHALON ET MACON
MEMBRE DE L'ACADÉMIE FRANÇAISE

SOUVENIR

DU

SECOND CENTENAIRE

DE LA MORT

DE LA

BIENHEUREUSE MARGUERITE-MARIE

1690 (17 Octobre) 1890

ET DU JUBILÉ DE PARAY-LE-MONIAL

ABBEVILLE

C. PAILLART, IMPRIMEUR-ÉDITEUR
LE-MONIAL. — CHEZ TOUS LES LIBRAIRES.

1891

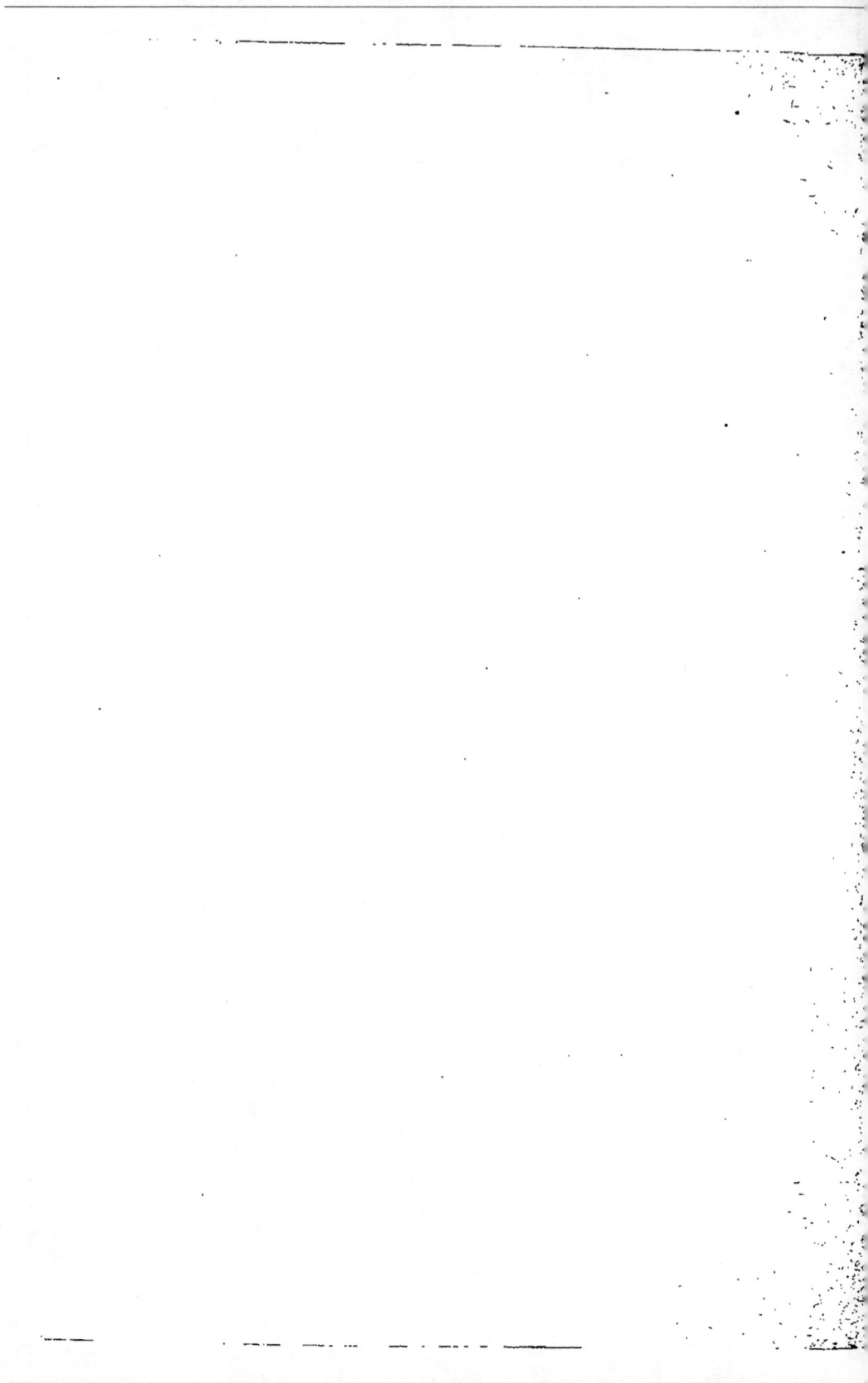

Mgr PERRAUD

ÉVÊQUE D'AUTUN, CHALON ET MACON

MEMBRE DE L'ACADÉMIE FRANÇAISE

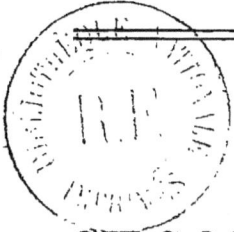

SOUVENIR

DU

SECOND CENTENAIRE

DE LA MORT

DE LA

BIENHEUREUSE MARGUERITE-MARIE

1690 (17 Octobre) 1890

ET DU JUBILÉ DE PARAY-LE-MONIAL

ABBEVILLE

C. PAILLART, IMPRIMEUR-ÉDITEUR

PARAY-LE-MONIAL. — CHEZ TOUS LES LIBRAIRES.

1891

RÉCENTES PUBLICATIONS

DE

Mgr L'ÉVÊQUE D'AUTUN

A. de Lamartine, discours prononcé à Mâcon le 21 octobre 1890.

Jeanne d'Arc, messager de Dieu, discours prononcé à Orléans, le 8 mai 1887.

Trois discours sur sainte Thérèse.

Savoir attendre, ou la Patience chrétienne (Carême 1887).

Le Bienheureux J.-B. de la Salle, trois discours prononcés dans la Cathédrale d'Autun.

Le Mystère de la Croix (Carême 1889).

L'Église et la Liberté, discours prononcé dans la cathédrale de Clermont, le 19 mai 1889.

Instruction pastorale sur le Jubilé et le second Centenaire de la bienheureuse Marguerite-Marie.

ŒUVRES PASTORALES ET ORATOIRES

De Mgr PERRAUD, évêque d'Autun, membre de l'Académie française.

Les quatre premiers volumes sont en vente.

L'ACTION DE GRACES

LETTRE PASTORALE

DE MONSEIGNEUR

L'ÉVÊQUE D'AUTUN, CHALON ET MACON

AU CLERGÉ ET AUX FIDÈLES DE SON DIOCÈSE

Les invitant à remercier Dieu
des abondantes bénédictions répandues
sur le second Centenaire et sur le Jubilé de la
Bienheureuse Marguerite-Marie

SUIVIE DE

DEUX ALLOCUTIONS

FAITES LE JOUR DE LA TOUSSAINT
POUR LA CLOTURE DU JUBILÉ

Nos très chers Frères,

Dans trois versets consécutifs d'un chapitre
de sa Lettre aux Éphésiens, saint Paul leur
enjoint avec instance d'être fidèles à remercier
Dieu de ses dons.

Soyez reconnaissants, leur dit-il d'abord :
Grati estote.

Puis aussitôt, il ajoute : « Que le Verbe du

« Christ habite abondamment en vous, en toute
« sagesse, vous rendant capables de vous ins-
« truire et de vous exhorter les uns les autres
« par des psaumes, des hymnes, des cantiques
« spirituels, à l'aide desquels vous chanterez dans
« vos cœurs l'hymne de la reconnaissance en-
« vers Dieu : *In gratia cantantes in cordibus*
« *vestris Deo.* »

Enfin, et comme s'il craignait de ne s'être pas
suffisamment expliqué au sujet de ce devoir
sacré de la reconnaissance, il y revient encore
en ces termes : « Quoi que vous disiez ou quoi
« que vous fassiez, que ce soit toujours au nom
« de Notre-Seigneur Jésus-Christ, et rendant
« grâces à Dieu et au Père par Lui : *Gratias*
« *agentes Deo et Patri per ipsum.* »

Cette triple recommandation de l'apôtre nous
revient au cœur, N. T. C. F., au moment où se
termine notre solennel Jubilé de Paray-le-Monial. Il ne saurait donc nous suffire ni de l'avoir
préparé avec tout le soin dont nous étions ca-
pable, ni d'avoir appelé sur lui par la prière,
avant et pendant sa célébration, cette assistance
divine, sans laquelle demeurent vains et stériles
les efforts même les plus soutenus du labeur
humain. A cette heure où, dans notre âme profondément émue retentissent encore les son-

neries des cloches de nos églises qui portent au loin les échos du *Te Deum* final et annoncent la clôture de cette période sainte, il nous semble qu'une voix d'en haut nous dit : Vous aviez beaucoup demandé ; vous avez beaucoup reçu ; soyez reconnaissants : que vos cœurs chantent l'hymne de la gratitude, et que vos actions de grâces passent par Jésus-Christ pour être dignes d'être offertes à Dieu le Père ! *Gratias agentes Deo Patri per Christum.*

I

Nous pouvons nous en rendre le témoignage, N. T. C. F. Nous n'avions pas attendu la fin de ces incomparables solennités pour exprimer à Dieu nos plus religieux remerciments. A peine avaient eu lieu dans cette cité bénie les premières manifestations dont les populations chrétiennes nous apportaient le magnifique et consolant spectacle, que notre âme, surabondant de joie, empruntait à saint Paul les expressions multipliées d'un sentiment qui ne peut se satisfaire par une seule parole. Avec lui, nous disions dans l'intime de notre cœur : « Béni soit le Dieu et le

« Père de Notre-Seigneur Jésus-Christ qui nous
« a béni par son Christ de l'abondance de toutes
« les bénédictions spirituelles et célestes! *Bene-*
« *dictus Deus et Pater Domini nostri Jesu*
« *Christi, qui benedixit nos in omni benedic-*
« *tione spirituali in cœlestibus in Christo* » (1).

Nous mêlions notre voix aux cantiques de
sainte allégresse qui retentissaient, soit autour
de la châsse de la Bienheureuse triomphalement
portée dans des processions splendides, soit tout
près du Sauveur lui-même, lorsque caché sous
les voiles de son mystère eucharistique il parcourait, avec les rues et les places de la ville,
les allées du jardin mystique (2) dans lequel, il
y a deux siècles, il était venu converser avec une
fille de notre peuple. Nous ne nous lassions pas
alors de répéter le *Magnificat*, heureux de pouvoir confier à Marie le soin d'interpréter digne-
ment les élans de notre reconnaissance.

Ainsi, N. T. C. F., dans des proportions que
nous n'aurions pas osé espérer, s'est réalisée une
autre parole de l'apôtre dont nous avions cru
naguère pouvoir nous servir, lorsque nous vous
exposions les trésors de vérité et de grâce renfermés dans la révélation du Cœur de Notre-

1. Ephes. 1, 3.
2. Hortus conclusus. (Cant. IV, 12.)

Seigneur Jésus-Christ (1). Oui, vraiment, il a été
donné à notre petitesse « d'annoncer aux nations
« une bonne nouvelle en leur révélant les ines-
« timables richesses du Christ, et nous avons pu
« faire rayonner au loin une lumière qui a éclairé
« davantage les âmes sur l'économie d'un mys-
« tère longtemps caché en Dieu. » *Mihi omnium
sanctorum minimo data est gratia hæc, in gen-
tibus evangelizare investigabiles divitias Christi, et illuminare omnes quæ sit dispensatio
sacramenti absconditi a sæculis in Deo, qui
omnia creavit* (2).

Tout d'ailleurs s'est réuni pour nous faciliter
l'accomplissement d'un si honorable et consolant ministère.

Avec quelle bonté, dès la première annonce
du second Centenaire de la sainte mort de Marguerite-Marie, le Vicaire de Jésus-Christ nous
accordait la grâce d'un Jubilé extraordinaire,
qui de nous pourra jamais l'oublier?

TRÈS SAINT PÈRE,

Daignez [recevoir l'hommage de notre plus
profonde gratitude.

1. Voir notre Instruction pastorale sur *le Centenaire
et le Jubilé de la Bienheureuse,* p. 171.
2. Eph. III, 8, 9.

Vous avez donné le branle à un mouvement prodigieux et attiré les peuples à nos lieux saints de Paray, par la libéralité avec laquelle vous leur avez dispensé les indulgences de l'Église. Vous avez pris l'intérêt le plus attentif, le plus bienveillant, le plus soutenu à tout ce que nous faisions ici pour répondre à vos désirs et rehausser la gloire de l'apôtre du Cœur de Jésus. Vous nous avez encouragé à prier beaucoup, et avec confiance, afin d'obtenir plus tôt la grâce tant désirée de sa canonisation. Vous avez accepté de prendre sous votre haut patronage la nouvelle édition du livre où se trouvent exposés avec le plus de compétence et d'autorité les prodiges surnaturels qui ont rempli la vie de notre Marguerite charollaise et mis dans un saisissant relief ses héroïques vertus (1).

Ce n'est pas tout.

Après vous être informé fréquemment des éclatantes manifestations de foi dont Paray était devenu le théâtre, vous nous avez envoyé,

1. *La Vie de Marguerite-Marie,* par Mgr Languet, évêque de Soissons. En publiant cette nouvelle édition, M. l'abbé Léon Gauthey, vicaire-général d'Autun, l'a fait suivre de trois chapitres additionnels qui conduisent jusqu'à nos jours l'histoire de la dévotion au Sacré Cœur, du monastère de la Visitation de Paray et des restes de la servante de Dieu. (Paris, Poussielgue, 15, rue Cassette.)

comme pour représenter au milieu de nous
votre personne sacrée, un homme de votre
droite, honoré depuis longtemps de votre confiance et de votre affection (1). Nous avons eu
la joie de le recevoir. Il nous a redit, en termes
pénétrants, la tendre dévotion du Pape envers
le Cœur adorable de Notre-Seigneur et sa vénération personnelle à l'égard de celle que le Sauveur choisissait, il y a deux siècles, pour être la
messagère de cette nouvelle manifestation de
son amour envers les hommes. Il a été le témoin
de l'accueil empressé fait par cette cité aux pèlerins accourus ici de tant de contrées diverses
afin de s'enrichir des précieuses faveurs du Jubilé. Avec nous, et avec nos chères filles de la
Visitation, il a prié dans ce sanctuaire si recueilli
où, pendant deux mois, tant de milliers de
prêtres et de fidèles ont humblement sollicité le
Cœur de Jésus de venir en aide à son Église et
de soutenir sous le poids de ses écrasantes solli-
citudes le Pasteur suprême chargé de l'instruire,
de la conduire et de la défendre au milieu des
difficultés et des périls du temps présent. Enfin,
à peine de retour à son poste de travail et de
dévouement, il nous a de nouveau transmis, par

1. Mgr Rinaldo Angeli, secrétaire intime de Sa
Sainteté.

commission expresse de Votre Sainteté, les encouragements les plus précieux et de très abondantes bénédictions.

Oui, très Saint-Père, soyez remercié par l'Évêque à qui la Providence a confié la garde du sanctuaire de Paray-le-Monial, par le clergé et par les fidèles du diocèse d'Autun. Soyez-le encore par tous ces pontifes, ces prêtres, ces chrétiens d'un grand nombre de pays auxquels nous avons eu la consolation d'offrir ici l'hospitalité de la prière et leur part de nos saintes joies.

Princes de la hiérarchie, vous d'abord, membres du Sacré-Collège qui êtes venus incliner devant les reliques de notre Bienheureuse la majesté de la pourpre romaine (1) ; puis vous, archevêques et évêques de notre Église de France et des autres nations (2), laissez-nous

---

1. Leurs Eminences les cardinaux Foulon, archevêque de Lyon, notre métropolitain, et Richard, archevêque de Paris, auxquels nous pouvons bien joindre S. Em. le cardinal Langénieux, retenu à Reims par un obstacle imprévu, au moment même où il s'apprêtait à venir à Paray pour y présider la solennité du vendredi 10 octobre.

2. Voir à l'appendice la note A. Qu'il nous soit permis de nommer spécialement ici trois évêques donnés à l'Eglise de France, par le diocèse d'Autun : Mgr Thomas, archevêque de Rouen ; Mgr Boyer, évêque de Clermont, et Mgr Lelong, évêque de Nevers. Les deux premiers sont, en outre, des enfants de Paray-le-Monial où ils ont reçu le baptême.

vous dire une fois de plus quels souvenirs nous garderons de votre trop rapide passage au milieu de nous ; des exemples et des enseignements que vous avez donnés tout à la fois à vos diocésains et aux nôtres ; des marques d'estime et de cordiale fraternité dont vous nous avez comblé. Vous aurez puissamment contribué à promouvoir deux causes entre lesquelles Dieu lui-même a établi la plus intime corrélation : d'une part, la dévotion au Cœur de Jésus, si riche en ressources surnaturelles, admirablement appropriées aux besoins actuels de l'Église et des âmes ; et de l'autre, la glorification complète de celle qui a servi d'instrument à ce dessein de miséricorde et d'amour.

Tout nous porte à l'espérer (1), nous n'attendrons plus bien longtemps l'heure où cette imitatrice si fidèle des humiliations de son Maître sera invitée par lui à « monter plus haut. » En

1. Il serait prématuré de révéler maintenant les circonstances de plusieurs guérisons, à tout le moins très surprenantes, qui se sont produites tout récemment, soit en France, soit à l'étranger, par l'intercession de la Bienheureuse. Mais, si en pareille matière, l'Eglise procède toujours avec une prudente lenteur et se montre très difficile avant de prononcer le mot de *miracle*, il nous sera bien permis de dire que tant de prières faites pendant le Jubilé, à l'intention spéciale d'obtenir la canonisation de la Bienheureuse, ne sont pas demeurées inefficaces.

joignant vos sollicitations aux nôtres, Eminences et Messeigneurs, vous n'aurez pas peu contribué à obtenir un résultat si désiré.

Prêtres et religieux, associés au sacerdoce éternel du Fils de Dieu, établis par Lui pour initier les âmes aux mystères de sanctification renfermés dans son divin Cœur et leur en appliquer les inépuisables trésors, nous voulons aussi vous comprendre dans l'expression de notre reconnaissance Plusieurs, parmi vous, ont bien voulu se faire nos collaborateurs et mettre au service des exercices du Jubilé leur zèle et leur talent (1). Prédicateurs de l'Évangile et ministres du sacrement de la réconciliation, vous avez porté tour à tour de la chaire au confessional votre ardent désir de travailler à l'extension du règne de Jésus-Christ. Que ne pouvons-nous réunir et lier en gerbes toutes les instructions que vous avez faites aux fidèles, à la Basilique et à la chapelle de la Visitation ; sans oublier les chemins de croix prêchés à diverses reprises en plein air ! Quelle riche moisson nous entasserions dans les greniers du Père de famille ! Mais quelle consolation pour nous de penser au solide profit retiré par tant d'âmes de l'abondance avec laquelle leur a été distribué le pain de la divine parole !

1. Voir à l'appendice la note B.

Parmi tant d'épisodes dont nous avons eu le bonheur d'être le témoin, il en est un qui donne, pour ainsi dire, la note dominante de toutes ces pieuses manifestations.

C'était au soir du 25 septembre. Nous venions de recevoir les nombreux représentants des diocèses de Clermont, de Saint-Flour, de Mende et de Valence, auxquels s'étaient joints beaucoup d'autres fidèles arrivés isolément ou par groupes pour assister à la procession du lendemain.

Il avait été décidé qu'un chemin de croix, avec procession aux flambeaux, aurait lieu dans le vaste enclos de nos Chapelains. Ces milliers de lumières qui scintillaient au milieu des ombres de la nuit étaient un saisissant commentaire du chant de l'Église lorsque, dans une antithèse sublime elle salue « les splendeurs du mystère « de la croix. *Fulget crucis mysterium.* » Les vaillants chrétiens d'Auvergne, de beaucoup les plus nombreux, avaient exprimé le désir d'entendre de nouveau la voix de l'apôtre dont ils avaient tant goûté les enseignements au Carême dernier dans la cathédrale de Clermont (1). L'inénarrable enchaînement des souffrances endurées par Jésus-Christ par amour pour l'humanité pé-

1. M. l'abbé Planus, vicaire général d'Autun.

cheresse s'était déroulé pendant les quatorze stations de la voie douloureuse. Quand les dernières prières de l'exercice eurent été récitées au pied de la grande croix de Jérusa'em, les fidèles se massèrent autour du monument central dominé par la statue du Sacré-Cœur. Du haut des degrès, le prédicateur résuma toutes les méditations précédentes ; puis il s'inspira de la question que le Sauveur lui-même avait adressée à saint Pierre avant de lui remettre le gouvernement de son Église, pour interpeller son auditoire : « Chrétiens, aimez-vous Jésus-Christ ? »

Aussitôt, avec l'unanimité la plus spontanée, de ces milliers de poitrines s'échappa ce grand cri : OUI, NOUS L'AIMONS !

Cette scène fit couler bien des larmes. Pour nous elle nous révéla l'unité saisissante de tous les mouvements de grâce provoqués dans les âmes par le Jubilé de Paray.

Il y a quelques mois, lorsque nous convoquions le monde chrétien aux fêtes du second Centenaire, ne disions-nous pas que le Cœur de Jésus-Christ est, tout à la fois le foyer inextinguible et le très expressif symbole de son amour pour les hommes ? Ne rappelions-nous pas encore comment les révélations faites à notre Marguerite-Marie rattachaient le culte de ce divin

Cœur aux deux principaux témoignages d'amour que le Verbe incarné a donnés aux hommes, à savoir sa Passion et l'institution de la sainte Eucharistie (1)? Que le chrétien, recueilli au pied de la croix, repasse dans son esprit les humiliations et les souffrances auxquelles s'est volontairement dévoué le Rédempteur des hommes pour les réconcilier avec son Père ; ou bien qu'il adore et remercie Jésus en présence du tabernacle où il s'est enfermé jusqu'à la consommation des siècles pour y être l'intercesseur perpétuel de nos besoins et le pain vivant de nos âmes, ici et là sa foi le met en contact avec « le Cœur « qui a tant aimé les hommes, qui n'a rien épar-« gné jusqu'à s'épuiser et se consumer pour leur « témoigner son amour : et qui trop souvent, en « retour, ne reçoit d'un grand nombre que des « irrévérences, des froideurs et des mépris » (2).

Par conséquent, inviter les fidèles à visiter le sanctuaire où a eu lieu, il y a deux siècles, la nouvelle effusion de cet amour dans lequel se trouve renfermée l'essence même de la révélation chrétienne (3) ; leur demander de venir

1. Instruction pastorale, p. 56.
2. Révélation de 1675 à Marguerite-Marie (*Sa Vie par elle-même*, II, 402).
3. Bossuet, *Panégyrique de saint Jean.*

rendre hommage avec nous aux dépouilles mor-
telles de l'apôtre choisie par le Sauveur pour
redire aux hommes les mystères de charité con-
tenus dans son Cœur, les encourager à cette
démarche par l'attrait des faveurs exception-
nelles accordées par le chef auguste de l'Église,
n'était-ce pas faire écho à la parole adorable qui
était sortie un jour du tabernacle de la chapelle
de la Visitation et redire encore une fois au
monde : « Voilà ce Cœur qui a tant aimé les
hommes ! »

Hélas ! nous ne le savons que trop : malgré les
témoignages les plus décisifs, cet amour est
méconnu et très souvent les hommes n'y ré-
pondent que par la froideur ou le mépris.

Toutefois, cette ingratitude n'est pas universelle et bien que l'iniquité abonde et surabonde,
elle n'a pas réussi à refroidir la charité (1). Au
contraire : et la célébration de notre Centenaire
est là pour attester à quel point les vrais chrétiens sont sensibles aux outrages ou à l'indif-
férence dont Jésus-Christ est l'objet.

Nous vous voyons accourir ici de toutes les
parties de notre chère France, pèlerins du Jubilé
que nous avons tant de fois salués et bénis (2) !

1. Matth. XXIV, 12.
2. Voir à l'appendice la note C.

Vos évêques vous conduisent ! Vos prêtres vous accompagnent ! Vous parcourez nos rues que l'intelligente hospitalité des habitants de Paray a si gracieusement ornées pour vous recevoir. Vous passez sous ces arcs de triomphe dont les emblèmes redisent les miséricordes du Cœur de Jésus et les vertus de sa fidèle disciple. Hommes intrépides et de grande foi, vous chargez sur vos épaules la lourde croix de Jérusalem, et pieds nus, vous la portez pendant deux heures à travers la ville, suivis de l'immense procession que président un cardinal et quatre évêques. Vous ne vous lassez pas de chanter (1) : « Vive Jésus ! Vive sa croix ! » Qu'est-ce donc que cette affirmation publique des sentiments les plus vifs de la foi chrétienne ? Qu'est-ce que ce défi solennel au respect humain ? Et quand la vibrante parole d'un évêque (2) s'est mise à traduire dans le langage le plus éloquent les émotions jusque-là silencieuses et contenues de la foule qui avait vu se dresser lentement devant elle le gibet d'igno-

---

1. Dimanche 14 septembre, sous la présidence du cardinal Richard, archevêque de Paris, les évêques de Nancy, de Blois, de Sinope (auxiliaire de Bourges) et d'Autun suivaient l'effigie du Christ, placée sur un brancard et portée par seize prêtres qui marchaient derrière la croix.
2. Mgr Turinaz, évêque de Nancy.

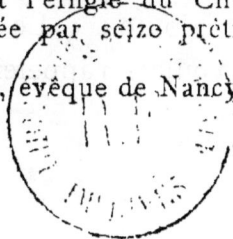

2

minie sur lequel on avait cloué l'effigie du Dieu crucifié, qu'est-ce que ces acclamations plusieurs fois répétées et qui retentissent dans tous les cœurs, sinon l'affirmation que Jésus est aimé ?

Et vous, enfants de la Savoie, que nous disiez-vous lorsque vos viriles phalanges arrivaient parmi nous, pour nous édifier durant ces vingt-quatre heures où, presque sans interruption, vous avez rempli nos églises ? Heures saintes, chemins de croix, communions faites à ces nombreux autels où les messes, qui ont commencé au milieu de la nuit se prolongeront jusqu'au-delà du midi du jour suivant, est-ce que tout cela ne criait pas : Nous aimons Jésus !

II

Il nous faut d'ailleurs renoncer à une énumération impossible, et nous pouvons bien répéter ici la parole de saint Paul. Après avoir essayé de grouper dans un même tableau tous les prodiges de foi accomplis par les grands serviteurs de Dieu, antérieurement à la venue de Jésus-Christ, il ajoute : « Le temps me ferait « défaut si je voulais rappeler les exploits de

» Gédéon, de Barac, de Samson, de Jephté, de
« David, de Samuel et des prophètes » (1).

Nous non plus, nous ne saurions entreprendre
de redire en détail la magnifique épopée des cérémonies et des actes de religion qui se sont suc-
cédé pendant près de deux mois sous nos yeux.
Mais avec l'Eglise, nous rappelons qu'il « est
digne, juste, équitable, salutaire (2) » de rendre
grâces à Dieu de ce que nous avons vu. Que
serait-ce, si nous pouvions le remercier de ce
que nous n'avons pu voir, c'est-à-dire s'il nous
avait été permis de pénétrer dans l'intimité des
âmes et d'y admirer les mystérieuses opérations
de la grâce, connues de Celui-là seul qui scrute
jusqu'aux replis les plus secrets des cœurs?
Pater qui videt in abscondito (3).

Elle mérite cependant une mention spéciale,
cette *Heure sainte* prêchée le soir du 16 octobre
par le R. P. Joseph Tissot (4), à l'intention des
prêtres seuls, assez nombreux pour remplir à
rangs pressés la chapelle de la Visitation. Quand
cet exercice fut terminé, plusieurs de nos véné-

1. Hebr. XI, 32.
2. Vere dignum et justum est, æquum et salutare
(Préface de la messe.)
3. Matth. VI, 4, 6.
4. Supérieur des missionnaires de Saint-François-de-
Sales d'Annecy.

rés collègues qui y avaient assisté avec nous
disaient dans l'émotion de leur reconnaissance :
à elle seule, cette heure vaut une retraite pastorale. De fait, nous avons su que, non contents
des moments trop rapides passés dans notre
cher sanctuaire, des prêtres avaient été se re-
cueillir plusieurs jours à la Trappe de Septfons,
afin d'approfondir davantage les impressions de
grâce qu'ils avaient ressenties et d'en tirer un
profit plus abondant.

Que dire encore de tous les colloques des âmes
avec le Sauveur ; de tant de communions fer-
ventes ; de ces actions de grâce qu'en plusieurs
occasions l'exiguïté du lieu saint contraignait les
fidèles d'aller faire au dehors, agenouillés sur la
terre de notre petit jardin de Béthanie, ou même
à l'entrée de la voie publique, parce qu'il fallait
laisser la place à d'autres multitudes avides de
recevoir à leur tour le pain divin de l'Eucharistie?
Une fois, il nous en souvient, nous ne pûmes
retenir nos larmes en présence d'un spectacle
qui ravissait les anges et devait toucher si fort
le Cœur de Dieu.

Mais ce n'était pas seulement pour elles que
ces milliers d'âmes chrétiennes s'approchaient
du buisson ardent et du foyer de l'éternel
amour, et voilà ce qui redouble l'intensité de

notre reconnaissance. En effet, nous avons vu
se réaliser à la lettre le vœu exprimé un jour
par Notre-Seigneur : « Je suis venu apporter le
« feu sur la terre et que veux-je sinon qu'il s'al-
lume (1) ? »

Oui, après s'être toutes remplies à Paray de
ce feu divin, ces foules ont été le porter au loin
dans leurs diocèses, dans leurs paroisses, dans
leurs familles. Ainsi, de cette petite cité, deve-
nue plus que jamais pendant cette période le
cœur vivant de la France chrétienne, est parti
pour s'étendre aux extrémités les plus lointaines
de notre bien-aimée patrie un immense rayon-
nement de charité, de zèle, de sainte et vivante
ardeur pour l'extension du règne de Dieu.

« Qu'avez-vous vu dans votre chemin, » chante
la liturgie de l'Église lorsque, au matin de la
fête de Pâques, elle interpelle Marie-Madeleine
et les saintes femmes accourues avec elle au
tombeau du Ressuscité : *Dic nobis, Maria, quid
vidisti in via ?*

Combien de fois, revenus chez eux, nos visi-
teurs de Paray n'ont-ils pas été interrogés de la
même façon ? Parents, amis, voisins, simples
curieux peut-être, tous leur ont demandé :

1. Saint Luc, XII, 49.

« Qu'avez-vous vu à Paray ? Quelles impres-
« sions y avez-vous ressenties? Qu'en rapportez-
« vous ?

Et eux sans doute de répondre, ainsi que
Marie-Madeleine :

« Nous avons vu le Seigneur, et voici ce qu'il
« nous a dit : *Quia vidi Dominum et hæc dixit*
« *mihi* (1). »

Chers pèlerins du Jubilé, accourus ici à l'appel
du Pontife suprême et au nôtre, n'est-il pas vrai
que pendant votre séjour dans notre ville sainte
vous avez senti grandir en vous, avec la foi et le
recueillement, le désir de mieux connaître, de
mieux aimer et de mieux servir Notre-Seigneur ?
N'est-il pas vrai que vous avez mieux compris
les indicibles miséricordes de son Cœur sacré ?
N'est-il pas vrai que, comme les disciples d'Em-
maüs, tandis que vous vous entreteniez avec lui,
vous avez senti vos cœurs plus chauds, plus
dilatés, plus décidés à se dévouer ? *Nonne cor
nostrum ardens erat in nobis, dum loqueretur
in via et aperiret nobis Scripturas* (2).

Oui, ces flammes immortelles de la vérité, de
la justice, de la foi, de l'amour de Dieu et
de l'amour des hommes s'allumeront par vous

1. Joann. xx, 18.
2. Luc, xxiv, 32.

dans un grand nombre de vos frères. Ils s'échauf-
feront à votre contact ; votre zèle deviendra
le leur, et à son tour leur ferveur se communi-
quera de proche en proche. Qui sait si déjà, dans
des contrées séparées de nous par de grandes
distances, ces saintes ardeurs de la charité,
rapportées de nos sanctuaires, ne se sont pas fait
sentir à des âmes tièdes ou presque entièrement
refroidies ? Quel honneur pour vous, chrétiens
de tous les pays, d'exercer cet apostolat du zèle
et du bon exemple qui est si cher au Cœur de
Jésus ! Laissez-nous donc vous adresser pour
votre consolation les encourageantes paroles du
prophète Isaïe et vous dire avec lui : « Vous qui
» êtes venus prendre ici comme un vêtement de
» flammes, marchez dans la lumière du feu dont
» dont vous brûlez et des flammes que vous avez
» avez allumées dans les autres : *Ecce vos omnes*
» *accendentes ignem, accincti flammis ; ambu-*
» *late in lumine ignis vestri et in flammis quas*
» *succendistis* (1). »

Ainsi, par la bonté de Dieu à laquelle ont
généreusement répondu un grand nombre de
fidèles, nous avons vu s'accomplir le désir qu'avait
exprimé le souverain Pontife, et la faveur excep-

---

1. Is.XLIX, 11.

tionnelle de ce Jubilé aura servi à « mettre en
» relief la foi des enfants de l'Eglise et à augmen-
» ter leur piété (1). »

III

Un des orateurs des fêtes du Centenaire (2)
nous le disait, et on voudra bien nous pardonner
le sentiment fraternel qui nous remet en souvenir
cet enseignement appuyé à l'autorité du Prince
de la théologie, saint Thomas d'Aquin.

Dieu, nous dit ce grand docteur, ne cherche
pas sa gloire pour lui, mais pour nous (3). De
même, dans la gloire dont l'Eglise entoure
ses saints, elle est beaucoup plus préoccupée de
notre avantage que du leur. Car cette gloire
n'ajoute rien à leur bonheur essentiel, tandis
qu'elle nous est souverainement utile. En effet,
elle excite en nous « la très salutaire tentation de
la sainteté » et nous rend capables, au milieu de

1. Ea quæ largimur ad decorem sæcularis celebri-
tatis ad pietatis exercitationem atque ad incrementum
valent (Décret apostolique du 11 mars 1890).

2. M. l'abbé Charles Perraud, sermon du dimanche
12 octobre, à la Basilique de Paray.

3. Deus suam gloriam non quærit propter se, sed
propter nos. (2a 2æ q. CXXXII. art. 1.)

tant de périls, de repousser victorieusement la tentation du mal.

Or, ce qui nous séduit dans les saints et ce qui nous attire vers eux, c'est que nous voyons par l'histoire de leur vie combien leur foi leur donnait de joie et de courage. Ils avaient « les yeux « illuminés du cœur » dont parle l'apôtre (1) ; aussi, les épreuves de la vie étaient impuissantes à les déconcerter. Ils allaient toujours en avant avec une indomptable allégresse, parce qu'ils étaient intérieurement soutenus par cette lumineuse et fortifiante certitude qui faisait dire à un d'eux : « Je sais à qui je me suis confié. Aussi, « je ne crains rien et je défie les puissances « ennemies de jamais me séparer de l'amour de « Jésus-Christ » (2).

Les saints nous sont encore très secourables, parce qu'ils nous montrent par leurs exemples comment une âme pénétrée à fond de l'amour de Dieu, dédaigne aisément les séductions du monde, désormais incapables de la satisfaire. Dépouillée de tout par le renoncement et le sacrifice volontaires, elle possède tout, *tanquam nihil habentes et omnia possidentes* (3).

1. Illuminatos oculos cordis. Eph. I, 18.
2. II. Tim. I, 12. Rom. VIII, 38.
3. I. Cor. VII, 30.

En effet, elle possède par la charité parfaite Celui de qui notre Marguerite disait avec tant d'exactitude théologique et de poésie que « tous les abîmes » se rencontrent en Lui pour répondre à ceux que la pauvre créature humaine porte en elle-même. D'où il suit que celle-ci ne doit redouter ni l'abîme de sa faiblesse, ni l'abîme de sa misère, ni l'abîme de sa crainte, puisqu'elle est assurée de trouver « dans le Dieu de son cœur et dans le Cœur de son Dieu » l'abîme de la force, l'abîme de la miséricorde et l'abîme de la confiance (1).

Le jour où ces pensées si consolantes nous étaient présentées, nous nous apprêtions à célébrer une fête d'un caractère tout local, sans le concours des pèlerins venus du dehors. Peu d'heures après notre réunion à la Basilique, la châsse de la Bienheureuse, portée en même temps par des prêtres et par de vaillants laïques qui avaient ardemment sollicité cet honneur, parcourait pour la dernière fois les rues et les places de Paray avec stations dans les

1. Nous aimerions pouvoir reproduire intégralement cette admirable page de la Bienheureuse, sorte de paraphrase lyrique de la parole de David au psaume xiiᵉ *(Abyssus abyssum invocat)*; elle se trouve dans les *Ecrits divers* publiés à la suite de son autobiographie, t. II, p. 526 et 527.

chapelles des communautés cloîtrées et de l'Hôpital.

Cette procession du dimanche 12 octobre, pour laquelle il s'était fait de la part des habitants un renouveau de gracieux préparatifs, fut sans contredit une des plus belles et touchantes cérémonies de notre Jubilé. Le ciel s'y montra plus resplendissant que jamais. Les ogives de nos platanes formaient au-dessus de nos têtes une sorte de cathédrale naturelle dont les voûtes élancées invitaient les prières et les chants à monter bien haut. La religieuse émotion des malades et des saintes recluses auxquels nous avions procuré le bienfait de cette visite de la Bienheureuse était partagée par tous les assistants. Il nous fut particulièrement doux d'exprimer la reconnaissance qui débordait de leurs âmes et de la nôtre et d'adresser quelques paroles de félicitations et de remerciements à la famille charollaise et parodienne qui faisait autour de nous, à ce moment, un cortège si nombreux et si recueilli. Tous alors, suivant le conseil qui nous avait été donné le matin à la Basilique, nous demandions à la Bienheureuse de nous obtenir la grâce de marcher courageusement sur les traces de ses vertus, afin d'arriver un jour avec elle au terme où Dieu remplace les livrées de l'humiliation par un vêtement de gloire et fait succéder aux austérités salutaires de la pénitence une joie sans fin (1).

Quant au jour même qui ramenait le deux-centième anniversaire de la mort de notre Marguerite, comment en redire l'incomparable grandeur ?

La veille au soir, le dernier chemin de croix aux flambeaux avait été prêché dans l'enclos des Chapelains par un de nos bien-aimés collaborateurs (2). Malgré le vaste espace dont nous pouvions disposer, il avait fallu renoncer à faire mouvoir les pèlerins de station en station, et ils avaient dù former une immense et lumineuse assemblée groupée autour du monument central qui servait de chaire au prédicateur, tandis que le clergé seul allait réciter les prières liturgiques devant chacune des croix.

Tant de prêtres étaient accourus à Paray dès cette vigile sacrée, que nous avions dù autoriser la célébration des messes dès minuit dans toutes les églises et chapelles de la ville. Il fallut même, dans la matinée du 17, dresser en plein

1. Ut ponerem lugentibus Sion et darem eis coronam pro cinere, oleum gaudii pro luctu, pallium laudis pro spiritu mœroris. (Is. LXI, 3)
2. M. l'abbé Léon Gauthey, vicaire-général et archidiacre.

air un autel où plusieurs messes furent dites et la sainte communion donnée à un très grand nombre de fidèles arrivés dès la première heure du jour (1).

Un peu après, notre Cardinal métropolitain, entouré de quatorze évêques, présidait tous les offices. Un enfant du diocèse (2), revêtu depuis treize ans de la dignité épiscopale, était au saint autel l'interprète de nos vœux et de nos prières. Un autre évêque, sans compter avec les fatigues d'un long voyage, s'apprêtait à monter deux fois dans la chaire de notre vieille Basilique pour commenter éloquemment la vie de la Bienheureuse et en tirer les enseignements les plus appropriés aux besoins des âmes et de notre société dans les temps présents (3). Les foules étaient trois ou quatre fois plus nombreuses qu'aux plus grandes solennités de la période antérieure. En vérité, nos modernes pharisiens, ceux qui tout à la fois raillent la religion et la persécutent, qui affectent de la dédaigner comme une vieillerie

1. Entre autres les pèlerins de Saint-Etienne et de Nevers. Voir à l'appendice la note D.
2. Mgr Lelong, évêque de Nevers, accompagné d'un pèlerinage de son diocèse.
3. Mgr Germain, évêque de Coutances. Son allocution du matin et le panégyrique de la Bienheureuse prononcé le soir ont été imprimés.

surannée et de nulle conséquence et qui, en même temps, par une étrange et significative contradiction, la combattent avec acharnement comme une puissance dont la vitalité les irrite, auraient pu répéter la plainte chagrine de leurs devanciers. Quand ils étaient témoins de l'empressement avec lequel les multitudes se pressaient autour du Sauveur, ils se disaient entre eux : « Vous le voyez bien ; nous perdons notre « peine. Il entraîne après lui le monde entier : « *Pharisæi ergo dixerunt ad semetipsos : Vide-* « *tis quia nihil proficimus? Ecce mundus totus* « *post eum abiit* » (1).

Telle était bien la glorieuse et consolante apologie de notre foi que proclamait devant des milliers de témoins cette procession finale dans laquelle Jésus lui-même, escorté et acclamé sans relâche par ses enfants, avait de la peine à se frayer un chemin à travers ces foules, dont les rangs compacts formaient une sorte de muraille vivante que sa masse semblait rendre presque incapable de se mouvoir !

Au moment où cette indescriptible cérémonie touchait à sa fin, et particulièrement lorsque les quinze évêques agenouillés sur les degrés du

1. Joan. XII, 19.

dernier reposoir, purent voir dans le vaste enclos de nos Chapelains un peuple entier prosterné pour recevoir la bénédiction de la divine Hostie, ce spectacle nous remit en mémoire une page de nos Livres sacrés dans laquelle nous trouvons admirablement résumés tous les motifs de notre reconnaissance.

David n'ignorait pas qu'il n'aurait pas la gloire de construire le temple de Jérusalem. Cette mission était réservée à son fils Salomon. Toutefois Dieu lui avait ordonné de préparer les matériaux de cet édifice et d'inviter ses sujets à y contribuer par leurs dons.

Les Israélites répondirent avec un généreux élan à l'appel de leur roi, l'argent, l'airain, les pierreries, le cèdre, le marbre de Paros, il y eut, dit l'historien sacré, grande allégresse dans le peuple parce qu'il offrait ses trésors à Dieu de tout son cœur : *Quia corde toto offerebant ea Domino.*

Semblable joie remplit l'âme du roi David et il l'exprima dans la prière suivante :

« Seigneur, Dieu d'Israël et de nos pères, « soyez éternellement béni ;

« A vous, Seigneur, appartiennent la magni- « ficence, la puissance, la gloire, la victoire et « la louange. . . . .

« En vos mains sont la force, la puissance, la
« grandeur et l'universelle domination.

« Nous sommes en votre présence, ô notre
« Dieu, pour vous rendre hommage et glorifier
« votre nom auguste.

« Qui suis-je, Seigneur, et qui est mon peuple,
« pour que nous puissions vous présenter ces
« trésors ? Ils sont déjà vôtres et nous ne pou-
« vons vous donner que ce que nous avons reçu
« de vous.

« Car devant vous, nous ne sommes que des
« pèlerins, des voyageurs, comme tous nos
« pères. Nos jours de la terre n'ont pas plus de
« consistance que l'ombre et ils passent avec la
« même rapidité.

« Mais voici ce que nous avons préparé pour
« vous élever une demeure digne de vous.

« Je sais, mon Dieu, que vous pénétrez le
« secret des consciences et que vous aimez les
« cœurs droits et simples.

« C'est bien dans la simplicité de mon cœur
« que je vous ai dédié tous ces témoignages de
« foi et d'amour, et c'est avec une joie immense
« que j'ai vu ces multitudes se presser ici pour
« vous apporter leurs présents. O Seigneur,
« Dieu d'Abraham, d'Isaac et de Jacob, et de
« tous nos ancêtres, gardez éternellement ces

« cœurs dans la rectitude de leur volonté, et que
« toutes ces âmes demeurent à jamais fixées dans
« votre adoration et dans votre service (1) » !

NOS TRÈS CHERS FRÈRES,

Il nous sera facile de faire aux jours privilégiés
que nous venons de traverser l'application de
cette prière dictée par l'Esprit-Saint lui-même.
Elle exprime dans une langue toute divine notre
reconnaissance personnelle, la vôtre, et celle des
évêques, des prêtres, des fidèles qui ont eu le
bonheur de prendre part au Jubilé de 1890.

Nous n'y ajouterons donc aucun commentaire.

Toutefois, nous voudrions traduire cette reconnaissance de la façon qui plaira le plus à la sainte
héroïne de ces fêtes, et, au-dessus d'elle, à ce
Cœur divin pour qui tant de pieux hommages ont
été une compensation de l'oubli et des ingratitudes d'un si grand nombre de ses enfants.
Aussi, nous engageons tous les prêtres de notre
diocèse à célébrer une fois, d'ici au 31 décembre,
l'adorable sacrifice de la messe, et nous invitons
les religieuses et les fidèles à faire, dans le
même laps de temps, une communion d'actions

1. Ier Livre des Paralipomènes, ch. XXIX.

3

de grâces afin de remercier Dieu avec nous des
très abondantes bénédictions qu'il a répandues
sur la célébration du Centenaire de la Bienheureuse et aussi, pour demander que tous les pèlerins de ce Jubilé soient à jamais fixés et enra-
cinés dans l'amour de Jésus-Christ : *Christum
habitare per fidem in cordibus vestris, in cari-
tate radicati et fundati* (1).

Donné à Paray-le-Monial, en notre résidence
de Béthanie, le jeudi 6 novembre 1890, 218ᵉ anniversaire du jour où Marguerite-Marie Alacoque,
admise à la profession religieuse, fit ses vœux
perpétuels de religion.

† ADOLPHE-LOUIS,

ÉVÊQUE D'AUTUN, CHALON ET MACON.

1. Eph. III, 17.

ALLOCUTIONS

PRONONCÉES

Le jour de la Toussaint, Samedi 1ᵉʳ Novembre 1890,
pour la clôture du Jubilé.

~~~~~~~~~~

PREMIÈRE ALLOCUTION

LE MATIN, A LA BASILIQUE, APRÈS L'ÉVANGILE DE LA
GRAND'MESSE.

——————

*Stantes erant pedes nostri in
atriis tuis, Jerusalem.*

O Jérusalem. nos pieds touchent au seuil de tes portiques.

(Ps. CXXI, 2.)

MES FRÈRES,

Il est des jours de l'année chrétienne où, sous
l'action de causes diverses concourant toutes à
la même fin, la lumière de la foi devient plus
intense et les âmes ont une conscience plus vive
de ses bienheureuses certitudes.

La première de ces causes est l'action du
Saint-Esprit qui perpétue dans l'Eglise et par

elle, tantôt les états et les mystères du divin Rédempteur dont elle continue la vie et les fonctions sur la terre, tantôt les vérités qui constituent l'économie de notre foi et que nous appréhendons dans leur substance, comme nous l'enseigne l'apôtre saint Paul, bien qu'elles demeurent encore enveloppées d'ombres pour nous : *Fides est sperandarum substantia rerum, argumentum non apparentium* (1).

A cette cause principale s'ajoutent de notre côté certaines dispositions qui nous font sentir plus vivement cette action de l'Esprit de Dieu.

Je crois pouvoir affirmer qu'en ce moment ces deux causes sont réunies et opèrent toutes les deux à la fois sur mes chers auditeurs.

D'une part, nous célébrons une de ces grandes solennités dans lesquelles une grâce spéciale prédispose les âmes à mieux comprendre et à mieux goûter les réalités de la vie surnaturelle.

D'autre part, à l'occasion de notre grand Jubilé, les fidèles, auxquels je m'adresse, se sont tous ou renouvelés ou affermis par les sacrements dans l'intelligence et dans l'amour des vérités de la foi. Tous donc, à cette heure, nous subissons une attraction douce et puissante qui nous soulève au-dessus de la terre, nous rapproche du ciel et nous permet de répéter presque à la lettre la parole du psalmiste : « O Jérusalem, nos pieds

1. Hebr. XI, 1.

touchent au seuil de tes portiques : *Stantes erant pedes nostri in atriis tuis, Jerusalem !* »

Qu'il fait bon se tenir là, mes chers Frères ! Qu'il serait meilleur de pouvoir toujours y demeurer ! Profitons du moins de la grâce qui nous porte jusqu'à ces hauteurs. Regardons, écoutons, instruisons-nous.

I

D'abord, regardons.

Est-il possible, chrétiens, de connaître en une certaine mesure cette cité déjà habitée par les saints et vers laquelle nous sommes en marche ? Est-ce pour nous une contrée totalement inconnue et au sujet de laquelle nous soyons condamnés à demeurer dans une complète ignorance jusqu'à l'heure de notre mort ?

Loin de là, mes chers Frères, et Dieu a pris soin de nous en faire savoir quelque chose tant pour notre encouragement que pour notre consolation.

1. — D'abord, c'est une cité de lumière.

Parmi les magnificences de la création corporelle, dit saint Augustin, la lumière tient le premier rang (1), non dans l'ordre chronologique, puisque la terre était sortie du néant avant elle, mais dans l'ordre hiérarchique de la beauté. Le psalmiste l'appelle « le vêtement de Dieu (2), » et par conséquent, elle est indissolublement liée à chacune de ses opérations Dans un langage non moins poétique, la liturgie de l'Eglise fait de la lumière le symbole du joyeux sourire qui va du Père céleste à ses enfants de la terre (3). Aussi bien, une logique naturelle qui semble fondée sur l'essence des choses, associe toujours la lumière à l'idée de bonheur et de vie, tandis que les ténèbres évoquent après elles la tristesse, l'épouvante et la lugubre pensée de la mort (4).

La lumière est donc un grand bien, dit encore saint Augustin, et un des dons précieux faits par lui à tous les hommes (5). Elle a d'ailleurs une telle affinité avec la nature spirituelle de nos âmes que la contemplation de la lumière physique est une de nos jouissances les plus délicates. Dans le langage figuré de nos Livres saints,

1. In corporibus lux tenet primum locum *(De lib. arb.,* l. III, n° 16).

2. Ps. CIII, 2.

3. Hilaritatem vultus tui *(Preces ad postulandam serenitatem)*.

4. Terram miseriæ et tenebrarum, ubi umbra mortis et nullus ordo, sed sempiternus horror inhabitat (Job. X, 22).

5. Lux magnum bonum, magnum omnibus mortalibus Dei donum (Serm. 120, alias de diversis 84, n° 2).

la lumière est encore l'image de la sagesse, laquelle à son tour est un reflet et une très pure émanation de l'intelligence infinie (1).

L'Eglise s'est inspirée de toutes ces métaphores et, dans quelques-unes des invocations qu'elle adresse à Notre-Seigneur Jésus-Christ, elle l'appelle « la splendeur du Père, la candeur de « la lumière éternelle, le soleil de justice (2). »

Rien donc ne s'harmonise mieux que la lumière avec le culte de Dieu et les cérémonies de la religion. Ainsi, l'auguste sacrifice de l'autel ne saurait être offert en l'absence des lumières prescrites par la Liturgie ; et, dans l'accomplissement de leurs fonctions, les évêques continuateurs et représentants du ministère et de l'autorité de Celui qui s'est intitulé « la lumière du monde (3) » doivent également être accompagnés d'un flambeau ardent.

Est-il besoin, mes chers Frères, d'évoquer de lointains souvenirs pour admirer une fois de plus avec vous le surcroît de magnificence donné à nos fêtes jubilaires par la bonté de Dieu, dans ces jours où l'éclat et la transparence de la lumière du ciel rendaient plus immédiate à chacun de nous la présence de la divine Majesté ?

---

1. Emanatio quædam est claritatis omnipotentis Dei sincera...... Candor lucis æternæ ; speculum suæ majestatis et imago bonitatis illius (Sap. VII, 25, 26.)

2. Litanies du saint nom de Jésus.

3. S. Jean VIII, 12.

En ces heures, trop vite écoulées au gré de nos désirs, combien il nous était facile de nous représenter les splendeurs de la Jérusalem céleste ! Qu'elle est belle, cette cité qui n'a besoin d'aucun des astres du firmament, parce que Dieu lui-même l'éclaire et qu'elle a pour soleil l'Agneau toujours immolé et toujours vivant (1) !

Cette lumière ineffable est la récompense de la simplicité et de la pureté des bienheureux. Reflétée fidèlement par ces âmes saintes, la Beauté infinie fait de chacune d'elles, suivant une parole du prophète Daniel, des étoiles dont l'éclat brillera « durant de perpétuelles éternités » : *Quasi stellæ in perpetuas æternitates* (2).

Que ce spectacle nous fasse prendre en horreur les ténèbres du péché et nous range à jamais parmi « ces enfants de la lumière » qui la traduisent au dehors par toute sorte d'œuvres bonnes (3).

2. — Au témoignage de saint Jean, la Jérusalem d'en haut est une cité très peuplée : « J'ai vu, dit-il, une grande foule qui ne se pouvait compter : *Vidi turbam magnam quam dinumerare nemo poterat* (4). Mais, s'il ne peut la compter, il entreprend du moins de la décrire. Ils sont là, de toute tribu, de toute langue,

1. Apoc. XXI, 23, v. 6.
2. Dan. XII, 3.
3. Ephes. V, 8, 9.
4. Apoc. VII, 9.

de tout âge, de toute condition (1), et, non seulement ceux dont l'Eglise a constaté officiellement les mérites et qu'elle appelle par leurs noms ; mais une multitude d'autres sur lesquels elle n'a pas eu à se prononcer et dont beaucoup peut-être n'ont acheté qu'au prix d'une longue et rigoureuse purification le bonheur d'être introduits dans la lumière éternelle. C'est aujourd'hui la fête de ces saints anonymes.

Quel bonheur pour nous si, parmi eux, nous pouvions discerner ceux qui ont vécu sur la terre avec nous et que nous avons aimés ! Et comme notre joie serait plus grande encore, s'il nous était permis d'espérer que nos prières, nos bonnes œuvres, l'usage intelligent fait par nous des dons et des grâces de Dieu, ont ouvert plus tôt à ces âmes si chères l'accès du bienheureux séjour ! N'est-ce pas une des raisons pour lesquelles nous vous sollicitions avec tant d'instance pendant toute cette semaine (2) de ne pas mépriser la grâce du Jubilé, et de vous rendre capables de gagner cette indulgence plénière dont nous pouvions appliquer le bienfait aux âmes encore détenues dans les flammes expiatrices du Purgatoire ?

Combien il est consolant de penser que, durant

1. Ib. v, 9.
2. Mission prêchée à la Basilique par le R. P. Ferdinand, provincial des Récollets.

le cours de ce Jubilé, cette charitable application aura été faite dans de grandes proportions ! Ainsi, la foule si nombreuse des élus se sera encore augmentée et le cœur miséricordieux de Jésus en aura été tout à la fois consolé et glorifié.

3. — Nous sommes sur le seuil de la Jérusalem céleste et en ce jour les portes de la cité sont entr'ouvertes. Regardons encore. Qu'y voyons-nous ? Le royaume de Dieu et de ses amis.

Ici, nous devons prier tous les jours et incessamment pour « que ce règne arrive. » Là-haut, c'est fait. Dieu règne ; Jésus-Christ règne ; l'amour règne. Plus d'opposition à la vérité et plus de résistances à la justice ! Plus de luttes douloureuses et impies ! Plus de ces ingratitudes et de ces révoltes criminelles qui faisaient de si cruelles blessures au Cœur très sensible de notre très doux Sauveur. Là-haut, il est compris, il est obéi, surtout il est aimé. Le parfait amour de Dieu, qui nous paraît si difficile et auquel trop souvent nous ne participons que d'une manière intermittente, dans le ciel, c'est l'état normal, définitif, irrévocable, perpétuel. Le royaume de Dieu est établi et c'est pour toujours, ainsi que le chante l'Eglise dans une des triomphantes affirmations du symbole de Nicée : *Cujus regni non erit finis.*

II

Après avoir dit : regardons, j'ai ajouté : Écoutons.

Quels concerts ! Quelles symphonies ! Qu'ils sont pénétrants ces chants d'actions de grâces dont les échos arrivent jusqu'à nous et nous aident si puissamment nous-mêmes à faire monter jusqu'au ciel nos *Te Deum*, nos *Magnificat,* nos *Adoremus in æternum !*

Et ici encore, je me sens repris comme malgré moi par quelques-unes des impressions les plus vivement ressenties au cours de nos solennités jubilaires. Quand j'entendais les foules célébrer la gloire de l'humble fille, choisie par Jésus luimême pour divulguer au monde les secrets de son Cœur : *Respexit humilitatem ancillæ suæ ;* ou encore répéter sans se lasser les plus ardentes protestations de foi, de reconnaissance et d'amour à ce divin Cœur, je pensais au cantique toujours identique à lui-même et « toujours nouveau (1) » qui retentit dans les profondeurs de la Jérusalem céleste. Ici et là, n'était-ce pas en vérité la même reconnaissance et le même enthousiasme ? Nous aussi, avec les milices angéliques, avec les

1. Ps. cxliii, 9. Apoc. v. 9.

apôtres, les martyrs, les confesseurs, les vierges,
nous disions de toutes nos forces, *voce magna* :
« Gloire à l'Agneau qui a été immolé ! Adorons
« sa divinité ! Admirons sa vertu ! Humilions-
« nous sous sa puissance ! et rendons-lui une
« louange éternelle (1) ».

Ecoutons plus attentivement encore ces concerts du ciel. Pas une voix discordante ! Pas une
note fausse ! Dans cette immense symphonie à
laquelle concourent les innombrables phalanges
des âmes bienheureuses, l'unité se concilie avec
une admirable variété. Car chacun des élus a son
motif spécial et personnel de louer le Seigneur
et de lui rendre grâces. Saint Louis de Gonzague
et saint Stanislas Kostka le remercient de leur
avoir gardé la robe d'innocence baptismale.
Sainte Marie-Madeleine et saint Augustin le
remercient de ce que, délivrés de l'esclavage de
leurs passions, ils ont triomphé de l'amour des
créatures pour ne plus connaître que les ardeurs
de la sainte charité. Saint Louis le remercie de
lui avoir fait pratiquer sur le trône la justice
chrétienne et employer la puissance royale à
établir parmi ses sujets le règne de l'Evangile, et
Benoît Labre le remercie de l'avoir, sous les
haillons du mendiant, élevé à des vertus qui lui
ont mérité une place glorieuse dans l'assemblée
des saints. Tous, d'ailleurs, remercient le divin

1. Apoc. v, 9, xiv, 3.

Rédempteur de leur avoir donné une participation effective à sa croix. Et ce sont ceux qui ont le plus souffert sur la terre qui expriment avec le plus de vivacité leur reconnaissance. Parmi ces voix, ne discernez-vous pas celle de notre chère Marguerite-Marie? Vous savez jusqu'à quel point elle a voulu porter imprimée en elle l'image de Jésus souffrant et avec quelle énergie elle pratiqua l'héroïsme de l'abnégation et de la pénitence.

Or, je l'entends qui, dans l'extase de son bonheur, redit là-haut deux versets empruntés aux psaumes de David : « Seigneur, nous nous « réjouissons maintenant pour les jours dans « lesquels vous nous avez humiliés et pour les « années pénibles que nous avons traversées sur « la terre (1). Seigneur, dans la mesure même « où les douleurs avaient affligé mon âme, vos « consolations l'ont réjouie (2) ».

Ainsi, mes chers Frères, les cantiques des saints dans le ciel nous rappellent une loi admirable de la justice de Dieu, bien propre à nous encourager au milieu des difficultés, des tristesses et des combats sans fin de la vie présente. Il y a une corrélation entre ces épreuves et la récom-

1. Lætati sumus pro diebus quibus nos humiliasti ; annis quibus vidimus mala (Ps. LXXXIX, 15).
2. Secundum multitudinem dolorum meorum in corde meo, consolationes tuæ lætificaverunt animam meam ! (Ps. XCIII, 19.)

pense finale qu'elles nous mériteront. L'apôtre saint Paul nous le dit dans les termes les plus formels : « Si nous mourons maintenant avec « Jésus-Christ, nous vivrons un jour avec lui ; « si nous portons sa croix sur la terre, nous « règnerons près de lui dans le ciel (1). »

Je parle de corrélation et de proportionnalité. Cela n'est pas encore la vérité tout entière, ni la mesure exacte de la miséricorde sans mesure de notre Dieu. En effet, écoutons les saints répéter avec saint Paul, qui est là comme leur maître de chœur : « Les tribulations passagères et suppor- « tables du moment présent attireront sur nous « pour l'éternité le poids d'une gloire incommen- « surable (2). »

Convenez avec moi, chrétiens, qu'il y a grand profit à regarder ce qui se passe dans la sainte Cité de Jérusalem et à prêter une oreille attentive aux harmonies dont elle ne cesse de retentir.

---

1. Fidelis sermo : si commortui sumus et convivemus ; si sustinebimus et conregnabimus (II. Tim. ii, 11, 12).

2. Id enim quod in præsenti est momentaneum et leve tribulationis nostræ supra modum in sublimitate æternum gloriæ pondus operatur in nobis (II. Cor. iv, 17).

III

Aussi, je trouve inutile de déduire moi-même les conséquences pratiques de notre contemplation, et il me semble que, pour nous instruire, il doit nous suffire d'avoir bien regardé et bien écouté. Quelles leçons ! Quelles exhortations à bien travailler et à bien souffrir ! Non, il n'est pas nécessaire que j'ajoute un commentaire à tout ce que les saints viennent de nous montrer et de nous faire entendre tandis que nous nous tenions sur le seuil de leur bienheureuse demeure.

Il importe seulement que nous gardions de notre méditation un vivant et durable souvenir.

Je ne l'ignore pas. On ne peut pas demeurer toujours plongé et comme absorbé dans ces visions d'en haut. Il faut reprendre le chemin des devoirs ordinaires de la vie et pas plus que Pierre, Jacques et Jean, il ne nous est loisible de fixer dès maintenant notre tente sur la cîme lumineuse du Thabor.

Toutefois, avant de nous séparer, demandons d'avoir part à la grâce si bien exprimée par saint Augustin, quand il raconte son entretien sur la vie future avec sa mère sainte Monique.

Ils étaient tous les deux à Ostie, en face de la mer et ils se demandaient mutuellement ce que

serait dans la vie éternelle le bonheur des saints
— ce bonheur que « nul œil n'a jamais vu, que
« nulle oreille n'a jamais entendu, que nul cœur
« n'a jamais soupçonné (1). »

Or, le colloque de ces deux âmes d'élite les
emportait bien au-delà de toutes les choses créées
et des félicités de ce monde périssable. Dans le
ravissement où les jetait la vue des œuvres de
Dieu, ils montaient toujours à de plus hautes
ascensions. Ils s'élevaient même au-dessus des
réalités intelligibles et, après les avoir dépassées,
ils atteignaient enfin à la région où se trouve la
seule vie inépuisable et éternelle.

Et là, dit celui qui fut tout à la fois acteur,
témoin et narrateur de cette scène sublime, là
« nous eûmes vers vous, ô mon Dieu, un tel élan
« d'amour, que nous touchâmes en quelque sorte
« par un bond de nos cœurs cette suprême féli-
« cité » : *Et dum loquimur et inhiamus illi,
attigimus eam modice toto ictu cordis* (2).

Mais après cette sorte d'extase, il fallut bien se
résigner à redescendre aux inexorables exigences
de la vie présente.

« Et alors, continue saint Augustin, nous
« jetâmes un soupir. Mais du moins si nous
« revînmes tristes à la région où retentit la
« parole qui a un commencement et une fin, nous

1. I. Cor. II, 9.
2. S. Aug. *Conf.*, l. IX, c. x.

« laissions les prémices de nos esprits fixés à ce
« monde supérieur. » : *Et suspiravimus et reliquimus ibi religatas primitias spiritus et
remeavimus ad strepitum oris nostri, ubi ver-
bum et incipitur et finitur* (1).

Qu'il en soit de même pour nous, mes bien-
aimés Frères. L'heure n'est pas encore venue où
nous pourrons franchir le seuil de la cité de
lumière, de paix et d'amour. Que du moins, au
milieu même des vicissitudes laborieuses et douloureuses de notre pèlerinage terrestre, un lien
indissoluble, fait de nos espérances et de nos
désirs, fixe là-haut la meilleure partie de nos
âmes. Ainsi, sans nous dérober à aucun des
devoirs imposés à notre condition actuelle, nous
pourrons affirmer avec saint Paul que nous ne
cessons pas de converser et d'avoir commerce
avec le ciel : *Nostra conversatio in cœlis est* (2).

Saints et saintes de Dieu, sollicitez cette pré-
cieuse grâce pour chacun de nous : *Sancti et
Sanctæ Dei, intercedite pro nobis.*

Amen.

1. Id. ib.
2. Phil. III, 20.

SECONDE ALLOCUTION

LE SOIR, A LA CHAPELLE DE LA VISITATION, AVANT LA RÉPO-
SITION DE LA CHASSE DE LA BIENHEUREUSE SOUS LE MAITRE-
AUTEL.

*Stantes erant pedes nostri in
atriis tuis Jerusalem.*

O Jérusalem, nos pieds touchent au seuil de tes portiques.

(Ps. CXXI, 2.)

MES CHÈRES FILLES (1),
MES FRÈRES,

Je reviens à notre méditation de ce matin.
Soulevés par l'Esprit de Dieu, nous nous sommes
tenus sur le seuil de la sainte cité de Jérusalem.
Là, nous avons regardé ; nous avons écouté ;
nous avons reçu des impressions de grâce qui,
je l'espère, ont augmenté en nous l'intensité de
nos convictions et fortifié nos courages.

D'ailleurs, ce n'est pas pour satisfaire une
curiosité naturelle et répréhensible que nous

1. Les Religieuses de la Visitation.

avons cherché à soulever le voile derrière lequel
tant de mystères sont cachés. Sans doute, il est
écrit que celui qui « scrute témérairement la
« majesté de Dieu sera opprimé par sa gloire (1), »
mais saint Paul compare l'espérance solide et
ferme du chrétien à cette ancre que le navigateur
jette hardiment au milieu du port et par-dessus
les murailles qui le séparent des agitations de la
pleine mer (2).

Le même apôtre nous dit encore que « nous
« sommes les concitoyens des saints et que nous
faisons partie de la famille de Dieu : *Estis cives*
« *sanctorum et domestici Dei* (3. » Saint Augustin s'inspirait de cette pensée pour rappeler aux
fidèles qu'ils ont là-haut un père, une patrie, un
patrimoine : *Habetis Patrem, habetis patriam,
habetis patrimonium* (4). Nous avons donc le
droit de savoir ce qui se passe au foyer domes-
tique, chez notre père et dans notre patrie. Nous
avons le droit de chercher à nous rendre compte
de la valeur de ce patrimoine, dont, par la grâce
de Jésus-Christ, nous sommes les héritiers (5).

Il y a quelques heures, lorsque nous parlions

---

1. Prov. xxv, 27. Ecclésiastique, iii, 22.
2. Quam (spem) sicut anchoram habemus animæ
tutam ac firmam, et incedentem usque ad interiora
velaminis. (Hebr. vi, 19.)
3. Eph., ii, 19.
4. Si Aug. *Enar. in Ps.* 84, n° 8.
5. Si filii et hæredes ; hæredes quidem Dei, cohæ-
redes autem Christi (Rom. viii, 17).

de cette patrie céleste, nous éprouvions à son
égard quelque chose des sentiments exprimés
par le même saint Augustin, dans l'admirable
récit qu'il nous a laissé de son entretien avec sa
mère au sujet de la vie future. Nous aurions
voulu demeurer fixés dans une méditation qui
donne déjà un avant-goût des joies ineffables de
la béatitude éternelle. Mais, obligés par notre
condition de revenir à l'ordinaire de notre existence terrestre, nous avons du moins fait effort
pour laisser là-haut quelque chose de nous-mêmes
qui nous attachât fortement à ce terme de nos
espérances : *Suspiravimus et reliquimus ibi
religatas primitias spiritus* (1).

Ce soir, je voudrais tout à la fois revenir avec
vous sur cette bienfaisante contemplation et
essayer d'exprimer la reconnaissance qui surabonde de tous nos cœurs en cette heure solen-
nelle où après sept semaines de fêtes continuelles,
le Jubilé extraordinaire du second centenaire de
la Bienheureuse va se terminer.

Mais comment unir ensemble ces deux préoccupations ? Où trouver le lien qui nous permettra
de les rattacher l'une à l'autre et de les enfermer
dans le cadre d'un même discours ?

Un souvenir m'est revenu à l'esprit.

Qui donc a le premier fait remarquer une
sorte de parenté entre le nom latin de Paray

1. S. Aug. *Conf.*, LIX, x.

Paredum (dont le génitif est *Paredi*), avec notre mot biblique de Paradis qui est synonyme du ciel et de son souverain bonheur ? Est-ce à nos vieux chroniqueurs qu'il faut attribuer ce rapprochement, dont un des orateurs de notre Jubilé (1) tirait naguères parti pour nous dire, à la manière de saint François de Sales, son compatriote et son père spirituel, des choses si douces à entendre ?

Je ne voudrais pas engager une discussion avec les philologues sur la valeur grammaticale de cette étymologie. Mais elle me sert admirablement pour résoudre la difficulté que je me posais tout à l'heure ; et voici comment :

En plus d'une circonstance, durant le cours de ce Jubilé, j'ai entendu des pèlerins me dire avec une émotion profonde : « En vérité, votre Paray est le paradis sur la terre. » Avouerai-je que, dans plusieurs de nos cérémonies, j'ai moi-même éprouvé ce sentiment avec une très grande intensité ?

Je m'en prévaudrai pour essayer de vous parler de notre glorieux Jubilé avant que la marche du temps l'ait fait disparaître et cependant prolonger la méditation sur le ciel que nous commencions ensemble ce matin.

A l'aide du texte que j'ai emprunté au

---

1. Le R. P. J. Tissot, supérieur des missionnaires de Saint François-de-Sales d'Annecy.

psaume cxxi^e, représentons-nous que nos pieds
touchent au seuil de la Jérusalem céleste et qu'il
'nous est permis de voir ce qui s'y passe : *Stantes
erant pedes nostri in atriis tuis, Jerusalem*. Il
y a quelques heures, nous admirions en elle la
cité de lumière, peuplée par une foule innom-
brable, et réalisant l'accomplissement parfait du
royaume de Dieu. Fixons de nouveau nos regards
sur elle et demandons-nous encore : qu'est-ce
que le ciel ou le paradis ?

I

Je réponds d'abord que c'est le lieu où tous
les esprits ont les mêmes idées, les mêmes sentiments, les mêmes convictions, et les traduisent
par le même langage.

Cela est bien rare sur la terre. Que de malentendus ! Que de dissentiments et de divisions !
je ne dis pas seulement entre étrangers et de
nation à nation : mais au sein du même peuple,
dans la même cité, de concitoyens à concitoyens ;
et, trop souvent, hélas ! sous le même toit, au
même foyer, entre membres de la même famille.
Extérieurement, on semble vivre de la même vie,
se conformer aux mêmes usages, parler la même
langue. Au fond, idées et affections, esprits et

cœurs sont en désaccord, on ne s'entend pas, on ne se comprend pas, on ne s'aime pas.

La double loi qui régit les habitants du céleste séjour, c'est, d'une part, la contemplation directe de la vérité ; de l'autre, l'union au souverain bien par la charité.

Les anges et les saints puisent directement à la vérité totale, substantielle, infinie. Comment ne penseraient-ils pas de même, et quel dissentiment pourrait se produire entre ces intelligences qui jouissent de la vérité comme d'un trésor commun (1) ?

Quant à la charité pleine, parfaite, absolue, elle constitue l'essence de la vie bienheureuse, puisque Dieu est charité et que nul ne saurait faire partie de son royaume qu'à la condition d'avoir pratiqué la charité sur la terre en aimant Dieu par-dessus tout et les autres comme soi-même pour l'amour de Dieu. « Des hommes qui « s'aiment mutuellement, dit saint Augustin, et « qui aiment leur Dieu vivant en eux, voilà ce « qui fait la cité de Dieu (2). »

Or, mes chers Frères, n'est-ce pas précisément là le touchant spectacle que nous ont donné pendant deux mois ces foules accourues ici des

1. Ubi thesaurus est communis veritatis. (S. Aug. *De Civ. Dei*, l. v, c. 16.)
2. Homines amantes se invicem et amantes Deum suum qui in illis habitat, faciunt civitatem Dei. (S. Aug. *Enarr. in Ps.* XLVIII, n° 4.)

pays les plus divers ? N'était-il pas visible qu'il
y avait entre ces chrétiens communion intime
des pensées, des désirs, des affections ? C'est bien
alors que s'est réalisé ce bel idéal montré par
saint Paul aux Philippiens : « Mettez le comble
« à ma joie par l'unanimité de vos idées, de
« vos goûts, de vos sentiments, ne formant
« entre vous qu'un esprit et un cœur (1). »

Vous, mes fils bien-aimés du diocèse d'Autun ;
vous, pèlerins des Pyrénées et des bords de
l'Océan ; vous, habitants des Vosges et de Marseille ; enfants de l'Orléanais, du Limousin, de
l'Auvergne, de la Saintonge, du Berry, du Nivernais ; vous, Lyonnais et Normands, Flamands et
Languedociens ; montagnards des Cévennes, de
la Franche-Comté, de la Savoie ; riverains de la
Seine, du Rhône, de la Loire ; vous, Béarnais et
Provençaux, qui nous avez charmés par vos
cantiques si pieusement chantés dans vos idiomes
nationaux ; vous encore qui êtes venus ici de
Suisse et de Belgique, d'Allemagne et d'Espagne,
d'Irlande, de Pologne, d'Italie, d'Amérique, de
Chaldée et des Indes, si je vous avais demandé
ce que vous pensiez sur les questions fondamen-
tales à l'égard desquelles il y a tant de divisions
et de dissentiments parmi les hommes, qu'auriez-
vous répondu ?

1. Implete gaudium meum, ut idem sapiatis, eamdem
caritatem habentes, unanimes, id ipsum sentientes.
(Phil. ii, 2.)

Mais je n'avais que faire de vous interroger ?
De la plénitude de vos convictions et de l'abon=
dance de vos cœurs s'échappaient d'elles-mêmes
les affirmations les plus significatives. Vous le
disiez, vous le proclamiez, vous le chantiez
assez haut :

« Je suis chrétien !

« Nous voulons Dieu, c'est notre Père !

« Vive Jésus ! Vive sa Croix !

« Cœur sacré de Jésus ! nous mettons notre
« confiance en votre infinie miséricorde ! Ayez
« pitié de nos pays ! Sauvez nos âmes ! »

Oui, vraiment, vous aviez l'unanimité des pensées et des affections : *eamdem caritatem haben-*
tes, unanimes, id ipsum sentientes. Mais cela,
nous l'avons vu, c'est le ciel. Pendant le Jubilé,
notre Paray a donc vraiment été un paradis sur
la terre.

II

La Jérusalem céleste, c'est le lieu où Dieu
s'explique et se justifie ; où il déroule la seconde
et définitive partie de son plan providentiel ; où
il accomplit sa parole et réalise ses engage-
ments.

Ici-bas, pour exercer notre foi et donner lieu
au mérite, il exerce ses serviteurs et il permet

aux méchants de les exercer. Sur la terre, souvent, très souvent, les amis de Dieu, les justes, les saints sont traités par lui avec une sorte d'inexorable rigueur.

Il les accable de croix pesantes et d'ignominies ; il complique les souffrances du corps par celles de l'âme et réciproquement. Comme il a livré son Fils aux insultes de la populace, à l'iniquité des juges prévaricateurs, à la cruauté des bourreaux, il laisse libre carrrière aux mauvaises passions des ennemis de la justice et il leur permet d'opprimer et de faire souffrir les bons.

Parfois même, comme nous le disions naguères en parlant d'un grand imitateur de Jésus crucifié, Dieu met ses enfants les plus dévoués aux prises avec l'épreuve des épreuves (1). Souffrir de la part des méchants, cela est dur, sans doute ; mais là où il est nécessaire d'avoir ce que l'Apocalypse appelle « la patience et la foi des saints (2), » c'est bien lorsque, par suite de je ne sais quels étranges malentendus, les gens de bien eux-mêmes deviennent les persécuteurs des amis de Dieu et leur infligent, croyant bien faire, des humiliations, des outrages et les plus durs traitements.

Les plus saints eux-mêmes sont parfois tentés

---

1. *Discours sur Jean-Baptiste de la Salle, prononcés dans la cathédrale d'Autun, les 14, 15 et 16 décembre 1888.*

2. Hic est patientia et fides sanctorum. (Apoc. XIII, 10.)

de croire alors que Dieu se désintéresse par trop de leurs épreuves et les oublie. Ils répètent la question anxieuse faite par les martyrs dont il est parlé au chapitre sixième de l'Apocalypse : « Je vis sous l'autel ceux qui avaient été mis à « mort pour avoir rendu témoignage au Verbe « de Dieu, et ils criaient très fort : *clamabant* « *voce magna :* Seigneur, qui êtes la sainteté et « la vérité même, jusques à quand différerez- « vous de nous rendre justice, et de nous ven- « ger de ces fils de la terre qui ont répandu notre « sang ? » Et le Seigneur de leur répondre : « Encore un peu de patience ! Attendez d'avoir « été rejoints par ceux qui seront immolés « comme vous (1). »

Telle est souvent la part faite en ce monde à ceux qui pratiquent la loi de Dieu et ne reculent devant aucun sacrifice pour lui exprimer leur amour. Ils sont humiliés, opprimés, crucifiés : ils portent sur eux et en eux les opprobres de Jésus-Christ (2).

Toutefois, ce n'est là que la première et la moindre partie des desseins de Dieu sur ses élus, et le scandale de cette apparente injustice ne durera pas toujours, puisque l'éternité est là pour dédommager les saints de ce qu'ils auront souffert ici-bas.

1. Apoc. ch. VI, 9-11.
2. Hebr. XI, 26.

Parfois, cependant, il plaît à Dieu de ne pas toujours attendre la vie future pour rétablir l'équilibre entre la vertu et la béatitude qui doit en être la récompense.

Lorsqu'il intervient de cette façon et anticipe en quelque sorte sur le ministère réparateur de sa justice éternelle, on peut dire que le ciel est sur la terre.

N'est-ce pas, mes chers Frères, ce dont vous avez été témoins pendant nos solennités jubilaires ?

Vous n'avez pas oublié, je pense, les épreuves incroyables auxquelles a été soumise Marguerite-Marie pendant le temps de son pèlerinage terrestre, quelles contradictions elle a endurées, et combien, soit dans son âme, soit dans son corps, elle a vraiment porté en elle l'image de Jésus souffrant.

Or, Dieu n'a pas attendu à son suprême jugement pour décerner la gloire à celle qui avait si sincèrement recherché l'humiliation et participé à la Passion de son Fils. C'est dès ce monde qu'il lui a plu réaliser en sa faveur la parole prophétique dite par Marie dans son cantique d'action de grâces : « Il a exalté les humbles (1). »

J'en appelle à tous ceux d'entre vous qui ont participé aux fêtes de notre Centenaire.

Quelles furent nos impressions en ces jours où,

1. Exaltavit humiles. (Luc. 1, 52.)

sous la conduite des princes de l'Eglise, un clergé
nombreux suivi par des masses de fidèles venait
chercher ici les ossements de cette fille qui avait
vécu et qui était morte avec le désir d'être à
jamais oubliée par les hommes ; plus avide,
disaient ses supérieures, des mépris et des rebuts
de ce monde, que les ambitieux ne le sont des
premières places ? Certes, pendant son existence
terrestre, le bras du Seigneur s'était appesanti
sur elle. Les esprits à courte vue, si prompts à
juger témérairement la conduite de Dieu parce
qu'il permet souvent sur la terre la prospérité
des méchants et l'oppression des bons, trou-
veraient aisément matière à se scandaliser dans
l'histoire de cette religieuse, d'autant plus
éprouvée qu'elle faisait de plus généreux efforts
pour tendre à la perfection de son saint état.

Or voici que, sans préjudice des compensa-
tions finales ménagées aux fidèles serviteurs de
sa cause, il plaît à la Providence de devancer
l'heure où, suivant la parole de l'Ecclésiaste, le
jugement exercé par elle sur le juste et sur l'im-
pie remettra tout en ordre (1).

De quels honneurs a été entourée cette amante
passionnée de l'abjection : vous ne l'avez point
oublié. C'est à qui, parmi les prêtres et les religieux, briguera le privilège de porter avec une

1. Justum et impium judicabit Deus et tempus
omnis rei tunc erit. (Eccl. III, 17.)

pieuse vénération ces restes que la mort a des-
séchés. L'encens fume ; les chœurs entonnent les
hymnes de la liturgie et Jésus, représenté par
ses pontifes, semble se plaire à guider lui-même
la pompe sacrée de ce cortège dans les lieux où
il y a deux siècles il associait si étroitement
l'humble fille aux mystères de sa croix et de
son amour. La voilà qui s'avance dans ce jardin
où, appliquée aux soins les plus vils selon le
monde, elle avait gardé autrefois l'ânesse et son
ânon. Appliquez-lui hardiment les paroles du
psaume XLIVᵉ; elles n'auront rien d'excessif.
Marchez, ma fille, semble lui dire Celui qui
couronne en elle ses propres dons ! Marchez !
l'Eglise, qui est une reine, vous escorte en
déployant autour de vous les splendides vête-
ments de ses ministres et la magnificence de
ses cérémonies : *Adstitit Regina a dextris
tuis in vestitu deaurato, circumdata varie-
tate* (1).

Oui, marchez en souveraine, vous qui vous
étiez ravalée jusqu'à la poussière ; et puisque
vous avez voulu appartenir à la famille de
Marie, partagez avec elle les acclamations que
font retentir ces milliers de chrétiens quand ils
remercient le Seigneur d'avoir jeté un regard de
complaisance sur vos abaissements, et de vous
avoir exaltée dans la proportion même où vous

1. Ps. XLIV, 10.

aviez voulu vous cacher : *Magnificat anima mea Dominum ! Respexit humilitatem ancillæ suæ ! Deposuit potentes de sede et exaltavit humiles !*

Or, je le répète, si le ciel est le lieu où, suivant la divine promesse, les humbles sont glorifiés : *qui se humiliat exaltabitur* (1), notre Paray, pendant les fêtes du Jubilé, a vraiment été le vestibule de ce paradis où toutes choses sont remises en leur place et où l'infaillible justice rétablit l'équilibre entre le mérite et la récompense.

Mais que sont en eux-mêmes ces triomphes extérieurs, si je les compare à la puissance très effective exercée par cette pauvre fille ?

Aux yeux de ses contemporains comme aux siens propres, vous le savez, elle était rien et moins que rien. Bien volontiers, elle se fût appropriée la méprisante qualification appliquée par saint Paul à tous les disciples du Dieu crucifié : « Nous sommes la balayure de la terre (2). »

Mais voyez donc ce qu'elle fait cette balayure si souvent foulée aux pieds ? Elle remue le monde. Ce n'est pas une vaine métaphore que j'emploie ici, mes Frères, je parle le langage de

---

1. Luc. xiv, 11.
2. Tanquam purgamenta hujus mundi facti sumus. (I. Cor. iv, 13.)

la plus exacte vérité. Qui donc, en effet, pendant ces deux mois, a ébranlé ces foules ? Qui les a fait accourir ici des extrémités de la France ? Qui a groupé autour de cette châsse et dans ce sanctuaire, cent fois trop étroit pour les contenir, ces pèlerins venus de tous les points de l'horizon ? Leur présence, leurs paroles, leurs actes vous ont dit le pourquoi de leurs lointains et fatigants voyages. Ils ont subi une mystérieuse et puissante attraction, et si vous les avez interrogés, ils ont pu vous répondre avec cette parole de nos saints livres : Nous sommes accourus ici, attirés par le délicieux parfum de la sainte de Paray : *Curremus in odorem unguentorum tuorum !* Son nom, comme une huile qui se répand, est connu maintenant jusqu'aux extrémités de la terre : *Oleum effusum nomen tuum* (1).

Et puisque je parle de sa puissance, est-il permis d'oublier comment, malgré tous les obstacles, en dépit des oppositions les plus redoutables, c'est encore cette chétive créature qui a fait adopter par l'Eglise universelle le culte public et solennel du Cœur de Jésus, parti de cette chapelle où il ne s'était manifesté qu'à elle seule et semblait ne devoir jamais franchir les limites de confidences que les plus sages avaient taxées de rêveries et de chimériques illusions ?

1. Cant. 1, 3.

Que l'on considère attentivement l'origine, la naissance, les développements, enfin la victoire finale de cette dévotion d'abord si contredite, et on répétera dans un sentiment d'admiration les paroles du psalmiste : « C'est le Seigneur qui » a fait ce prodige et le miracle est sous nos » yeux : *A Domino factum est istud et est mirabile in oculis nostris* (2). »

Or, notre Jubilé a été l'expression éclatante de cette victoire désormais consacrée par la suprême autorité de l'Église. Il lui aura donné une nouvelle force d'expansion, et, portant plus loin le règne de ce Cœur en qui sont renfermés tous les trésors de la sagesse et de la sainteté, il aura rendu la terre plus semblable au ciel.

III

Enfin, mes chers Frères, le ciel, c'est essentiellement le lieu où Dieu habite avec les hommes et où les hommes habitent avec Dieu. Telle est la définition qu'en donne Notre-Seigneur Jésus-Christ lui-même dans la fameuse vision dont il favorisa son apôtre saint Jean. — « Une grande « voix sortant du trône me dit: Voici le taber- « nacle de Dieu avec les hommes ; et il habitera

2. Ps. cxvii, 23.

« avec eux et ils seront son peuple ; et Dieu avec
« eux sera leur Dieu (1). »

C'est bien ce que nous constations ce matin
lorsque nous contemplions respectueusement la
sainte cité de Jérusalem. C'est là, disions-nous,
qu'est établi et pour toujours le règne de Dieu :
Cujus regni non erit finis, règne qui n'est plus
discuté ni contesté par personne. Car, « ni les
« lâches, ni les incrédules, ni les menteurs, ni les
« impudiques, ni les empoisonneurs » n'ont de
part à ce royaume de vérité et de sainteté (2).

Le ciel c'est donc la société intime et définitive
des âmes pures avec Dieu ; société dans laquelle,
par un ineffable contrat, ces âmes appartiennent
à Dieu qui, à son tour, leur appartient, puisqu'elles lui disent et ne cessent de lui répéter :
Mon Dieu et mon tout !

C'est pour cela que le Tabernacle eucharistique
est plus qu'une image du ciel ; il en est le prélude
et le gage (3) ; car c'est bien dans ce sacrement
d'amour que Jésus possède l'âme, laquelle de son
côté possède Jésus !

A cet égard, aucune différence essentielle
n'existe entre les milliers de sanctuaires où

1. Apoc. xxi, 3.
2. Timidis autem et incredulis et veneficis et forni-
catoribus et omnibus mendacibus, pars illorum erit
in stagno ardenti et igne. (Apoc.. xxi, 8.)
3. Nobis pignus futuræ gloriæ datur (dans l'antienne
O sacrum convivium).

Notre-Seigneur réside sacramentellement. Temples magnifiques ou pauvres églises de village : peu importe. C'est toujours « le tabernacle de « Dieu avec les hommes. »

Toutefois, s'il y a un lieu en ce monde où l'adorable intimité du Sauveur avec ses enfants soit sentie avec une plus grande intensité ; un lieu où le souvenir toujours actuel des manifestations les plus authentiques de son amour rende plus palpables la société, l'union, la communion qu'il a voulu établir avec nous, pauvres créatures ; un lieu, par conséquent, dont il soit presque permis de dire : Voilà le ciel sur la terre, n'est-ce pas ce sanctuaire où nous nous trouvons? Il y a deux siècles, de ce tabernacle entr'ouvert, le Sauveur a daigné apparaître, montrer son Cœur surmonté de flammes et environné d'épines, puis expliquer lui-même ce saisissant symbolisme en rappelant les douleurs de sa Passion perpétuées par les ingratitudes des hommes et l'ardeur d'un amour que rien ne peut refroidir.

Oui vraiment, Jésus s'est manifesté sur ce point privilégié de notre terre de France. Si je pouvais rendre la parole à celle qui dort dans cette châsse son suprême sommeil, elle nous redirait en ce moment le témoignage solennel par lequel débute la première Epître de saint Jean : « Celui qui était dès le commencement, nous « l'avons entendu ; nous l'avons vu de nos yeux ; « nos mains ont touché ce Verbe de vie, et cette

« vie éternelle qui est au sein du Père s'est
« dévoilée à nous (1) ! »

Voilà pourquoi, pieux fidèles de Paray et vous,
pèlerins venus du dehors, quand vous entrez
dans cette chapelle, vous devez vous souvenir
des paroles dites par le Seigneur à Moïse, au
moment où celui-ci allait s'approcher du buisson
ardent : « La terre que tu vas fouler sous tes
« pieds est une terre sainte : *locus, in quo stas,*
« *terra sancta est !* Ote tes chaussures » faites
avec la peau des animaux ; c'est-à-dire dégage-
toi de toutes les préoccupations basses, sensibles,
charnelles, pour ne plus penser qu'à l'infinie
sainteté de celui qui va t'admettre à son au-
dience : *Solve calceamentum de pedibus tuis* (2)!

Je puis l'affirmer sans crainte de me tromper :
telle est bien la religieuse impression ressentie
par tous ceux qui viennent prier ici. Quand ils
ont franchi le seuil de cette chapelle ; quand ils
ont vu ces lampes dont la lumière discrète invite
au recueillement ; quand ils oublient la fuite
rapide des années pour se reporter par le souvenir aux heures sacrées et solennelles des
communications directes faites par le Sauveur à
Marguerite-Marie, ils disent : Cette terre est
sainte ; ou mieux encore, ce n'est plus la terre,
c'est le ciel.

1. Iʳᵉ Epître de saint Jean, I, 1-3.
2. Exod. III, 5.

Mais les manifestations de foi et de piété provoquées par les fêtes du Centenaire et du Jubilé n'ont-elles pas encore ajouté à la vérité et et à l'intensité de cette impression ? Après tant de messes célébrées à ces autels, après tant de communions et d'actions de grâces faites dans ce sanctuaire, ne convient-il pas de dire avec un redoublement d'admiration et de reconnaissance : « Voilà le tabernacle de Dieu avec » les hommes ; c'est là qu'il a daigné habiter » avec eux et qu'il en a fait son peuple et qu'il » s'est montré leur Dieu (1). »

Je viens de dire : les messes célébrées ici. C'est par milliers qu'il faut les compter. Est-il possible que la sainteté de ce lieu n'en ait pas été augmentée ? Jésus-Christ, tant de fois appelé par les paroles de ses prêtres et tant de fois immolé dans ces sacrifices mystiques, où il a renouvelé et perpétué le sacrifice de sa Passion, n'est-il pas venu apporter ici des trésors surabondants de sanctification dont l'Eglise tout entière a profité ?

Il y a quelques jours, tandis que je supputais le nombre de ces messes, un souvenir biblique s'est présenté à mon esprit et a augmenté ma vénération pour notre cher sanctuaire. Ces sept autels m'apparaissaient comme autant de sources d'où avait jailli le sang rédempteur et purifica-

1. Apoc. xxi, 3.

teur de la divine victime, de l'Agneau que la
liturgie du ciel, décrite par saint Jean dans l'Apocalypse, nous montre toujours immolé et toujours
vivant (1).

N'est-il pas vrai que, depuis le commencement
du Jubilé jusqu'à la fin, ces sources ont formé
un fleuve, dont les ondes se sont toujours élevées
plus haut ?

Dans une vision célèbre, un ange fait visiter à
Ezéchiel le temple nouveau qui sera construit
dans Jérusalem à la gloire du Seigneur. Du sol
entr'ouvert vers les portes de l'orient et de l'aqui-
lon, il lui fait voir des eaux qui sortent de terre,
et à trois reprises différentes le guide du prophète
l'invite à les traverser. La première fois, dit
Ezéchiel, j'en avais seulement jusqu'au-dessus
du talon. La seconde fois, les flots avaient grossi :
j'en avais jusqu'aux genoux. La troisième, j'en
avais jusqu'aux reins, et je pouvais encore passer.
Mais la profondeur du torrent augmentait toujours ; ses flots s'élevaient davantage et il
me devint impossible de le traverser : *Non po-
tui pertransire, quoniam intumuerant aquæ
profundi torrentis, qui non potest transva-
dari* (2).

Ezéchiel ajoute que sur les rives de ce fleuve
aux eaux profondes croissaient des arbres chargés

1. Apoc. v, 6.
2. Ezech. xlvii, 5.

de fruits bons à manger, et dont le feuillage était lui-même un remède salutaire (1).

Dans ce remède salutaire, je vois l'image de ces milliers d'absolutions qui ont remis dans un grand nombre d'âmes la grâce de Dieu, c'est-à-dire le ciel, — et, dans les fruits bons à manger, cette Eucharistie divine, ce vrai pain céleste où Jésus-Christ, tant de fois donné en nourriture aux pèlerins, a renouvelé leurs forces et leur courage pour continuer leur marche et devenir plus capables d'arriver un jour à la sainte cité de Jérusalem. En vérité, je ne me lasse pas de le redire au nom de notre commune reconnaissance, plus que jamais, pendant ce Jubilé et à l'occasion de tous les actes de religion qu'il a provoqués, notre Paray a été un Paradis, c'est-à-dire la demeure où Dieu, habitant avec les hommes, les a fait habiter avec lui dans la plus douce intimité de son Cœur.

C'est à regret et malgré moi, mes Frères, que je m'arrache à cette contemplation et à ces souvenirs. Cependant, il faut terminer, et voici que nous touchons aux dernières minutes d'un temps sur lequel sont tombées tant de bénédictions.

O Dieu, soyez mille et mille fois remercié ! Nous ne trouverons jamais d'actions de grâces égales à vos libéralités.

---

1. **Erunt** fructus in cibum et folia ejus ad medicinam.

Daignez aussi nous pardonner si, malgré la sincérité de notre bon vouloir, nous n'avons pas toujours correspondu à vos bienfaits avec assez d'empressement. Appliquez encore à nos âmes qui s'humilient devant vous, l'efficacité réparatrice de votre sang tant de fois répandu ici pour l'amour de nous.

Chère Bienheureuse, nous vous saluons sous cette couronne de gloire que vos sœurs vous ont tressée (1).

Vous allez reprendre votre place de prédilection au-dessous de ce Tabernacle où réside celui qui s'appelle « l'Epoux et la Couronne des Vierges. » Toujours passionnée « pour la vie cachée en Dieu avec Jésus-Christ, (2) » vous allez vous réintégrer dans votre cellule. Nous continuerons à vous y entourer non-seulement de notre vénération et de notre confiance, mais de nos prières, puisque le Seigneur nous a dit de ne pas craindre de l'importuner par des sollicitations réitérées (3). Nous le supplierons donc de ne pas trop tarder à vous prendre par la main, comme dans la parabole du banquet évan-

---

1. Une immense couronne de violettes et de lis, envoyée par les religieuses des deux Visitations de Marseille, orna d'abord un des reposoirs des processions faites dans le jardin de la Visitation de Paray, puis fut placée dans le chœur au-dessus de la châsse.

2. Col. III, 3.

3. S. Luc, XI, 8-10.

gélique, pour vous faire monter plus haut (1).

Notre grand Jubilé va finir et nos cœurs en sont attristés. Mais Paray nous reste ; notre sanctuaire nous reste. Ils sont devenus plus chers que jamais à notre foi. Nous leur adressons le salut reconnaissant des Juifs à leur ville sainte : « Si nous t'oublions jamais, ô Jérusalem, que « notre main droite s'oublie elle-même ; que « notre langue se dessèche plutôt que de ne pas « redire les louanges de la cité, dont nous ins- « crivons le souvenir en tête de toutes nos « joies (2) ! »

Quant à vous, mes chères filles de la Visita- tion, au moment où ces solennités si consolantes vont prendre fin, je veux vous remercier et vous féliciter.

Je vous remercie, au nom de la sainte Église, de l'intelligente et cordiale hospitalité que vous avez exercée envers les foules qui sont venues ici célébrer avec nous le Centenaire et le Jubilé de notre Bienheureuse.

Je remplis un autre devoir bien doux en vous félicitant de ce que ces pieuses agitations n'ont pu troubler votre recueillement ni vous faire manquer en quoi que ce soit à vos règles. Vos saints fondateurs sont contents de vous, et Marguerite-Marie vous reconnaît bien pour être

1. Id. xiv, 10.
2. Ps. cxxxvi, 5, 6.

de sa famille. Votre sage et religieuse conduite m'a remis en mémoire un beau texte d'Isaïe que je vous ai plus d'une fois appliqué. Je vous le laisserai, comme le bouquet de cette longue fête qui tiendra désormais une si grande place dans les annales de votre monastère : « Mon peuple, « dit le prophète, demeurera dans la beauté de « la paix ; dans les tabernacles de la confiance « et dans un repos opulent. *Sedebit populus* « *meus in pulchritudine pacis, in tabernaculis* « *fiduciæ, in requie opulenta* (1). »

Vous avez fixé votre vie, mes chères Filles, « dans la beauté de la paix » lorsque vous avez obéi à la sublime vocation qui vous a séparées du monde et fait entrer dans la vie religieuse. La paix, dit saint Augustin, c'est « la tranquillité de l'ordre (2). » Plus vous serez fidèles à vous acquitter de toutes les observances qui vous sont prescrites par vos Constitutions, plus votre paix sera profonde.

Qui donc pourrait la troubler ?

Non-seulement vous avez le bonheur d'appartenir à l'Institut de la Visitation ; mais ici, à Paray, vous avez votre demeure dans le Cœur même de Jésus. Où trouver, si ce n'est là, les « tabernacles de la confiance ? » Sans doute, par humilité, vous devez vous défier de vous-mêmes ;

1. Is. XXXII.
2. *Cité de Dieu*, l. XIX, ch. 13.

mais vous devez tout autant, et même davantage,
vous confier à Celui qui vous a « prédestinées,
appelées, mises à part pour faire de vous autant
d'images de son Fils. » Saint Paul, auquel
j'emprunte ces paroles ajoute : « Et si Dieu est
pour nous, qui sera contre nous (1) ? » Voilà bien
« les tabernacles de la confiance. »

Dans cette demeure sacrée de la vie religieuse,
vous avez tout à la fois le repos et le travail.
C'est le repos, si je le compare aux agitations et
aux fatigues de la vie du siècle. Mais ce n'est
pas un repos stérile ; tant s'en faut. Au contraire,
la pratique du recueillement, l'oraison, l'intimité
continuelle de vos âmes avec la sainteté de Dieu,
vous mettront en possession de la véritable
opulence, de celle qui vous suivra au-delà de ce
monde quand l'heure sera venue pour chacune
de vous de dire comme Marguerite-Marie : « La
« mort arrive ! je vais m'abîmer dans le Cœur
« de Jésus ! » C'est lui alors qui vous ouvrira
les portes de son royaume, pour vous établir à
jamais dans la richesse, la sécurité, la beauté de
sa paix éternelle !

Ainsi soit-il !

1. Rom. viii, 28-31.

APPENDICE

—

Note **A** (p. 10.)

Liste par ancienneté de sacre, des Évêques et Prélats qui ont pris part au Jubilé de 1890 (outre les Cardinaux nommés à la page 8.)

NNgrs THOMAS, archevêque de Rouen.

VIGNE, archevêque d'Avignon.

WALSH, archevêque de Dublin (Irlande).

DUCELLIER, archevêque de Besançon.

DE DREUX-BRÉZÉ, évêque de Moulins.

BÉCEL, évêque de Vannes.

HUGONIN, évêque de Bayeux.

FAVA, évêque de Grenoble.

DELANNOY, évêque d'Aire.

ROBERT, évêque de Marseille.

SEBAUX, évêque d'Angoulême.

TURINAZ, évêque de Nancy.

(L'Évêque d'Autun).

COTTON, évêque de Valence.

GERMAIN, évêque de Coutances.

BONNET, évêque de Viviers.

COULLIÉ, évêque d'Orléans.

LABORDE, évêque de Blois.

GOUX, évêque de Versailles.

LELONG, évêque de Nevers.

BOYER, évêque de Clermont.

DÉNÉCHAU, évêque de Tulle.

ISOARD, évêque d'Annecy.

MARPOT, évêque de Saint-Claude.

LARUE, évêque de Langres.

O'DEUSER, évêque de Limerick (Irlande).

PETIT évêque du Puy.

BOUVIER, évêque de Tarentaise.

PAGANI, de la Société de Jésus, évêque de Mangalore (Indoustan).

LUÇON, évêque de Belley.

RENOUARD, évêque de Limoges.

MARCHAL, évêque titulaire de Sinope, auxiliaire de Bourges.

BERTHET, évêque de Gap.

BAPTIFOLIER, évêque de Mende.

DUVAL, évêque de Soissons.

JAUFFRET, évêque de Bayonne.

SONNOIS, évêque de Saint-Dié.

Prélats et Abbés.

Mgr Jean AUDO, chorévêque chaldéen, vicaire du Patriarche de Babylone.

Mgr Augustin Caprara, promoteur de la foi (Rome).

Mgr Rinaldo Angeli, secrétaire intime de Sa Sainteté le pape Léon XIII (Rome).

Le révérendissime P. dom Sébastien, abbé de Septfons, vicaire général de la Trappe, avec le procureur général de l'Ordre et sept autres abbés mitrés, parmi lesquels un enfant du diocèse, le T. R. P. dom Antoine, abbé de la Trappe de Chambarand.

Un certain nombre de Trappistes des monastères de Belgique, de Hollande, de Palestine, d'Afrique et de Chine.

Le T. R. P. abbé bénédictin de Ligugé.

Le vendredi 19 septembre, dans la procession présidée par Mgr Isoard, évêque d'Annecy, la châsse de la Bienheureuse était portée alternativement par les aumôniers des Visitations et par les RR. PP. Trappistes.

Nous ne saurions oublier de mentionner le témoignage collectif de religieuse et fraternelle sympathie qui nous a été donné par l'Episcopat d'une nation catholique.

Le 17 octobre, les quatre archevêques et les vingt-cinq évêques d'Irlande réunis à Dublin, sous la présidence du vénérable archevêque de cette ville, Mgr William Walsh, ont eu la très délicate attention de nous adresser le télégramme suivant :

Dans cette heureuse occasion de votre fête centenaire, les évêques d'Irlande, assemblés à Dublin, désirent se joindre à vous pour hâter la canonisation de la Bienheureuse Marguerite-Marie.

William WALSH,

Archevêque de Dublin.

Après avoir lu nous-même cette dépêche à notre Eminentissime Métropolitain et à nos collègues présents à Paray, nous y avons fait cette réponse :

Le cardinal Foulon, archevêque de Lyon, l'évêque d'Autun et treize autres évêques français, réunis à Paray pour le second Centenaire de la Bienheureuse, sont profondément touchés des sentiments exprimés par les évêques d'Irlande. Ils leur envoient leurs meilleurs vœux pour eux et pour leur pays : *Erin go Bragh* (en celtique : Vive l'Irlande !)

L'EVÊQUE D'AUTUN.

Note **B** (p. 12.)

Les prédications du Jubilé, organisées d'avance par l'autorité diocésaine ont été faites par :

Le R. P. LAZARE, augustin de l'Assomption (1ʳᵉ semaine, du 8 au 14 septembre).

M. l'abbé Chapon, chanoine honoraire et aumônier de la Visitation d'Orléans (2e semaine. du 15 au 21 septembre).

M. l'abbé Planus, vicaire général honoraire d'Autun (3e semaine, du 22 au 27 septembre).

Les RR. PP. Fabre, supérieur de la résidence des pères Jésuites de Paray, et trois autres pères de la Compagnie, les RR. PP. Gibert, Durand et Rochette (4e semaine, du 29 septembre au 4 octobre).

MM. Acary, provicaire et curé de Saint-Vincent de Mâcon, et Dory, provicaire et curé de la cathédrale d'Autun (5e semaine, jusqu'à l'ouverture de la neuvaine préparatoire à la fête de la Bienheureuse).

M. l'abbé Charles Perraud, chanoine honoraire d'Autun (dimanche 12 octobre).

Le R. P. Joseph Tissot, supérieur des Missionnaires de Saint François-de-Sales d'Annecy, et M. l'abbé Gauthey, vicaire général d'Autun et archidiacre (neuvaine préparatoire, du 9 au 17 octobre).

Mgr Germain, évêque de Coutances (jour de a fête et du second centenaire de la Bienheureuse, vendredi 17 octobre.

Le R. P. Ferdinand, provincial des Récollets (dernière semaine, du 26 au 30 octobre).

L'Evêque d'Autun (le jour de la Toussaint' pour la clôture du Jubilé).

6

(Cette liste ne comprend pas les sermons faits par NNgrs les Evêques et les Directeurs de pèlerinages, à l'occasion des réunions spéciales des pèlerins de leurs diocèses).

Note C (p. 16.)

Liste par ordre chronologique des pèlerinages qui ont eu lieu à Paray pendant le Jubilé.

I. — *Pèlerinages du diocèse d'Autun.*

1. — Le provicariat de Louhans, train spécial ; — vendredi 12 septembre.

2. — Saint-Laurent du Creusot ; — même jour.

3. — La ville de Mâcon ; — dimanche 14 septembre.

4. — Montceau-les-Mines ; — même jour.

5. — Les archiprêtrés de Saint-Gengoux et de Buxy, train spécial ; de Chagny ; -- vendredi 19 septembre.

6. — La ville de Charolles, Trambly : — même jour.

7. — Couches, Rully, Chagny, Coublanc; — vendredi 26 septembre.

8. — Les orphelinats de Monferroux et de l'asile du Méplier, conduits par M. Beraud, directeur et chanoine honoraire ; — Lundi 29 septembre.

9. — La ville d'Autun, train spécial ; — ven-

dredi 3 octobre. — Palinges, — même jour. — Le juvénat des Frères maristes de Digoin ; — même jour.

10. — Le Bois-du-Verne ; — dimanche 5 octobre.

11. — Bourbon-Lancy ; — vendredi 10 octobre.

12. — Le Magny ; — dimanche 12 octobre.

13. — Digoin ; — mardi 14 octobre.

14. — La ville de Chalon, train spécial ; — vendredi 17 octobre.

15. — Cluny, Marcigny, Broye ; — même jour.

(Sans compter les paroisses du Charollais qui ont envoyé des pèlerins à Paray pendant toute la durée du Jubilé, et particulièrement aux solennités des vendredis.)

II. — *Pèlerinages venus des autres diocèses.*

1. — Pèlerinage de Lorraine et d'Alsace, conduit par Mgr Sonnois, évêque de Saint-Dié, train spécial ; — 11 et 12 septembre.

2. — Groupes venus de Rennes, de Cette (diocèse de Montpellier), de Vinay (diocèse de Grenoble) ; — vendredi 12 septembre.

3. — Groupe venu de Paris ; — dimanche 14 septembre.

4. — Pèlerinage du Berry, conduit par Mgr Marchal, évêque de Sinope, auxiliaire de Bourges, train spécial.

5. — MM. les aumôniers des Visitations au nombre de 87 ; — du 15 au 20 septembre.

6. — Pèlerinage d'hommes du diocèse d'Annecy, conduit par Mgr Isoard, évêque d'Annecy, train spécial ; — du 18 au 19 septembre.

7. — Les PP. Trappistes de l'observance de Septfons ; — vendredi 19 septembre.

8. — Les anciennes élèves des pensionnats de la Visitation ; — 19 et 20 septembre

9. — Pèlerinage de Franche-Comté, conduit par Mgr Ducellier, archevêque de Besançon, train spécial ; — 23 et 24 septembre.

10. — Pèlerinage de Valence, conduit par Mgr Cotton, évêque de Valence ; — 24 septembre.

11. — Pèlerinage de Mende, avec Mgr Baptifolier, évêque de Mende ; — 25 et 26 septembre.

12. — Pèlerinage de Clermont, conduit par Mgr Boyer, évêque de Clermont, deux trains spéciaux ; — du 25 au 27 septembre.

13. — Pèlerinage de Saint-Flour ; — mêmes jours.

14. — Groupes venus de Sainte-Florine, d'Auzon (diocèse du Puy), de Cours (diocèse de Lyon) ; — 26 septembre.

15. — Délégation des associés de la Jeunesse catholique, conduite par le R. P. Froger, S. J.; — dimanche 28 septembre.

15. — Pèlerinage de Bourgogne, allant à Lourdes ; — mercredi 1er octobre.

16. — Pèlerinage d'Avignon, conduit par Mgr Vigne, archevêque d'Avignon ; — du 1er au 4 octobre.

17. — Pèlerinage de Tulle, conduit par Mgr Dénéchau, évêque de Tulle ; — du 2 au 4 octobre.

18. — Le Donjon (diocèse de Moulins), et Mars (diocèse de Lyon) ; — vendredi 3 octobre.

19. — Six cents pèlerins de Perreux (Loire), train spécial ; — mercredi 9 octobre.

20. — Pèlerinage des diocèses de Bayonne et de Tarbes, conduit par Mgr Jauffret, évêque de Bayonne, les Missionnaires de Bétharram et de Lourdes, train spécial ; — 9 et 10 octobre.

21. — Groupe de pèlerins de Toulouse, conduits par M. Delpech, chanoine-archiprêtre ; — mêmes jours.

Pèlerinage du Noviciat de l'Oratoire, conduit par le R. P. Nouvelle, vicaire-général de l'Oratoire et le R. P. L. Morel, directeur du Noviciat ; — mêmes jours.

22. — Pèlerinage de Marseille, conduit par Mgr Robert, évêque de Marseille, train spécial ; — mêmes jours.

23. — Pèlerinage d'Angers, conduit par M. Malsou, curé de la Trinité d'Angers ; — mêmes jours.

24. — Pèlerinage du diocèse du Puy, conduit par Mgr Petit, évêque du Puy, deux trains spéciaux ; — mêmes jours.

25. — Pèlerinage de Roanne ; — mêmes jours.

26. — Pèlerinage de Limoges, conduit par Mgr Renouard, évêque de Limoges ; — mêmes jours.

27. — Groupe de pèlerins du Molinet (Allier), conduits par M. le doyen ; — 14 octobre.

28 et 29 octobre. — Pèlerinage des diocèses de Coutances et de Bayeux, conduit par NNgrs Germain, évêque de Coutances, et Hugonin-évêque de Bayeux, train spécial ; — du 15 au 17 octobre.

30. — Pèlerinage du diocèse de Gap, conduit par Mgr Berthet, évêque de Gap ; — 16 et 17 octobre.

31. — Pèlerinage d'Arles, conduit par M. le curé de Saint-Trophime ; — mêmes jours.

32. — Pèlerinage de Saint-Claude, conduit par Mgr Marpot, évêque de Saint-Claude ; — mêmes jours.

33. — Pèlerinage de Lyon, conduit par S. Em. le cardinal Foulon, archevêque de Lyon, deux trains spéciaux ; — 16 et 17 octobre.

34. — Saint-Etienne, Tarare, Saint-Chamond, train spécial ; — 17 octobre.

35. — Pèlerinage du Nivernais, conduit par Mgr Lelong, évêque de Nevers.

36. — Pèlerinage de Dijon ; — même jour.

37. — Pèlerinage de Carcassonne, conduit par M. Fournier, vicaire-général, remplaçant Mgr Billard, évêque de Carcassonne ; — du 16 au 20 octobre.

38. — Pèlerinage de Grenoble, conduit par Mgr Fava, évêque de Grenoble, train spécial ; — du 21 au 23 octobre.

39. — Pèlerinage de Rodez ; — du 22 au 25 octobre.

40. — Pèlerinages d'hommes de Saint-Etienne et de Saint-Chamond, conduits par M. Chapuy, curé de Saint-Louis, de Saint-Etienne, train spécial ; — dimanche 26 octobre.

Note **D** (p. 29.)

Statistique des messes célébrées et des communions faites à Paray pendant le Jubilé, depuis le 8 septembre jusqu'au 1er novembre inclusivement.

Le nombre des messes a été de 6,727 (dont 3,370 à la chapelle de la Visitation, 1,700 à la Basilique et le reste dans les autres chapelles de la ville.)

Le nombre des communions a été de 52,850 (dont 26,000 à la chapelle de la Visitation, 20,000 à la Basilique, et le reste dans les autres chapelles.)

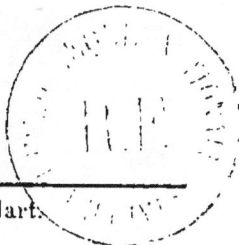

Abbeville. — Imprimerie C. Paillart.

www.ingramcontent.com/pod-product-compliance
Lightning Source LLC
Chambersburg PA
CBHW052152090426
42741CB00010B/2244